ZWERGGECKOS
DIE GATTUNG *LYGODACTYLUS*

Beate Röll

L.-picturatus-Männchen in Tiwi Beaches, Kenia

Inhalt

Bildnachweis
Titelbild: *Lygodactylus picturatus*
Kleines Bild: *Lygodactylus kimhowelli*
Alle Fotos von B. Röll

1. Auflage 2004
2. Auflage 2006
3. Auflage 2009
4. Auflage 2012

ISBN: 978-3-937285-16-0

An der Kleimannbrücke 39/41
48157 Münster
www.ms-verlag.de

Geschäftsführung: Matthias Schmidt
Lektorat: Heiko Werning & Kriton Kunz
Layout: Angela Neuhäuser
Druck: Alföldi, Debrecen

Vorwort

GECKOS sind als Echsen bekannt, die in den Tropen, Subtropen und auch schon in den südlichen Ländern Europas nachts an Haus- oder Zimmerwänden Insekten jagen. Aber nicht alle Geckos sind nachtaktiv: Von den ca. 100 Gattungen der Familie der Geckos (Gekkonidae) sind immerhin 15 Gattungen tagaktiv. Die bekanntesten darunter sind wohl die Arten der Gattung *Phelsuma*. Die meisten Mitglieder dieser Gattung sind leuchtend grün gefärbt – vermischt mit Rot, Gelb oder Blau – und können beachtliche Gesamtlängen von 25– 30 cm erreichen.

Nahe verwandt mit der Gattung *Phelsuma* sind die Zwerggeckos der Gattung *Lygodactylus*. Ihre zahlreichen Arten sind mit einer Gesamtlänge von höchstens 8–9 cm sehr viel kleiner. Manche können aber in Hinblick auf ihre Färbung ohne Weiteres mit Phelsumen mithalten, und ihr Verhalten macht alle Arten zu ausgesprochen interessanten und angenehmen Pfleglingen.

Im Handel werden hauptsächlich vier *Lygodactylus*-Arten aus Ostafrika angeboten. Von diesen sind drei recht auffällig gefärbt und eine auf den ersten Blick eher unscheinbar; die angegebenen „Artnamen" sind häufig reine Handelsnamen. Zwar findet man Angaben zur Haltung von *Lygodactylus*-Geckos verstreut in der terraristischen Fachliteratur, ein Einzelwerk zur Haltung und Nachzucht von *Lygodactylus* fehlte jedoch bisher.

Daher hat dieses Buch zwei Hauptanliegen: Es soll dem Leser eine sichere Identifizierung der angebotenen Arten erlauben und bei der artgerechten Haltung und erfolgreichen Nachzucht helfen.

Zur 4. Auflage: Die Zwerggeckos der Gattung *Lygodactylus* haben inzwischen in der Terraristik mehr Anhänger gefunden. Die hier vorgestellten Arten sind – neben dem Türkisblauen Zwerggecko, *L. williamsi* – im Handel immer noch am häufigsten vertreten. Wie sich nach neuen Untersuchungen herausgestellt hat, handelt es sich bei dem Vertreter der *capensis*-Gruppe der Gattung nicht um *L. capensis*, sondern um *L. angolensis*, eine Art, die *L. capensis* sehr ähnlich ist. Diese nomenklatorische Änderung wird in der neuen Auflage des Buches berücksichtigt.

Beate Röll
Wennigsen, 2012

L. mombasicus in Tiwi Beaches, Kenia

Einleitung

IM Handel (Zoogeschäfte, Reptilienbörsen) werden regelmäßig mehrere Arten der Gattung *Lygodactylus* angeboten, die fast immer aus Tansania stammen. Die spektakulärste Art ist der Türkisblaue Zwerggecko, *L. williamsi*. Ebenfalls häufig vertreten im Handel sind die vier Arten *L. picturatus*, *L. mombasicus*, *L. kimhowelli* und *L. angolensis*. Von diesen kommt nur *L. kimhowelli* ausschließlich in Tansania vor, die anderen Arten findet man auch im benachbarten Kenia sowie in Ländern südlich von Tansania.

Zur erfolgreichen Haltung und Zucht dieser Geckos sind Kenntnisse aus der Biologie von Geckos im Allgemeinen und aus der von *Lygodactylus* im Besonderen erforderlich. Deshalb sollen im Folgenden einige für die Haltung relevante Grundlagen dargestellt werden.

Systematik

Geckos gehören zur Familie der Haftzeher, den Gekkonidae. Diese wird nach Böhme (2004) und anderen Autoren in die Unterfamilien Eublepharinae (Lidgeckos), Diplodactylinae (Doppelfingergeckos), Sphaerodactylinae (Kugelfingergeckos) und Gekkoninae (Eigentliche Geckos) unterteilt. Manche Autoren sprechen diesen Unterfamilien den Rang von Familien zu und fassen dann alle Familien in der Zwischenordnung Gekkota zusammen. Diese gehört zur Unterordnung Sauria (Echsen), die zusammen mit den Schlangen die Ordnung der Squamata (Schuppenkriechtiere) bildet.

Haut

Geckos sind bekannt als Echsen, die mühelos an so glatten Flächen wie Glasscheiben sitzen und sogar laufen können. Diese Fähigkeit beruht auf speziellen Haftschuppen unter ihren Zehen, die mit unzähligen mikroskopisch feinen Härchen, den Haftborsten, besetzt sind. Es sind diese Borsten, die die Haftung an glatten Oberflächen bewirken. Jedoch besitzen nicht alle Arten der Geckos solche Haftzehen.

Die Haut der Geckos bildet wie bei anderen Echsen und wie bei Schlangen Schuppen, die recht unterschiedlich aussehen können, z. B. wie kleine Körner (granuläre Schuppen), wie Dachziegel (dachziegelartige Schuppen) oder wie Haftschuppen. Die äußerste Schicht besteht aus verhornten, abgestorbenen Zellen und wird in regelmäßigen Abständen durch eine Häutung erneu-

ert. Bei den Geckos wird die alte Hautschicht in großen Fetzen oder auch in einem Stück abgestreift und anschließend gefressen. Da die Haftborsten ebenfalls abgestorbene, verhornte Bildungen der Haut sind, werden sie mitgehäutet. Eine neue Generation von Schuppen liegt schon vor der Häutung unter der alten Hautschicht vor.

Brille

Nur die Lidgeckos haben bewegliche Augenlider. Alle anderen Geckos besitzen stattdessen eine unbewegliche, durchsichtige „Brille“, die von den miteinander verwachsenen Augenlidern gebildet wird. Ihre äußerste Schicht wird ebenfalls gehäutet.

Autotomie des Schwanzes

Geckos besitzen die Fähigkeit, ihren Schwanz auf äußere Reize hin abzuwerfen (Autotomie). Der Schwanz bricht an sogenannten Sollbruchstellen, die jeweils mitten durch einen Wirbel verlaufen. Mit Ausnahme der ersten Wirbel an der Schwanzwurzel haben alle Wirbel solche Sollbruchstellen. Der abgeworfene Teil wächst innerhalb von 2–4 Monaten mehr oder weniger gut wieder nach, unterscheidet sich aber meistens in der Länge, der Art der Beschuppung und der Farbe vom Originalschwanz. Außerdem bildet das Schwanzregenerat anstelle knöcherner Wirbel einen Knorpelstab aus.

Physiologie: Körpertemperatur

Geckos sind wie alle Reptilien wechselwarm (poikilotherm). Dieser Ausdruck bezieht sich darauf, dass die Körpertemperatur dieser Tiere mit der Außentemperatur schwankt. Geckos können also nicht wie Säugetiere oder Vögel eine konstante Körpertemperatur durch die Erzeugung innerer Wärme (Stoffwechselwärme) aufrecht erhalten. Stattdessen beziehen sie ihre Wärme vor allem aus ihrer Umgebung. Deshalb werden sie auch (und treffender) als ektotherm (ektos *gr.*: außen, thermos *gr.*: warm) bezeichnet.

WUSSTEN SIE SCHON?
Geckos stellen ihre Körpertemperatur durch äußere Wärmezu- oder -abfuhr ein. Zur Erhöhung ihrer Körpertemperatur suchen sie z. B. sonnenerwärmte Plätze auf Ästen oder Steinen auf; zum Herabsetzen ihrer Körpertemperatur begeben sie sich an schattige, kühle Plätze. Dieses Verhalten nennt man auch „thermoregulatorisch“. Der Vorteil der Ektothermie: Geckos brauchen wesentlich weniger Nahrung als z. B. ein vergleichbar großes Säugetier. Andererseits hat Ektothermie auch Nachteile: Sie ist der wichtigste limitierende Faktor in der geographischen Verbreitung der Familie. Geckos findet man daher nur in den Tropen, Subtropen und in den warmen Regionen der gemäßigten Zonen.

Die Gattung *Lygodactylus* GRAY, 1864

DIE Gattung *Lygodactylus* gehört zur Unterfamilie der Gekkoninae, die die artenreichste und vielgestaltigste Gruppe der Geckos ist.

Systematische Stellung und Verbreitung

Die Gattung *Lygodactylus* umfasst über 60 Arten, die alle tagaktiv sind. Damit ist sie die drittgrößte Gattung der tagaktiven Geckos; mit ca. jeweils 100 Arten sind nur die Gattungen *Sphaerodactylus* und *Cnemaspis* größer. Die Hauptverbreitungsgebiete liegen in Afrika und auf Madagaskar; zwei Arten sind sogar in Südamerika zu finden.

Die Gattung *Lygodactylus* wurde 1864 von GRAY aufgestellt; ihre Typusart (die Art, anhand derer die Gattung erstmals beschrieben wurde) ist *L. capensis*.

Der Gattungsname setzt sich aus zwei latinisierten, ursprünglich aus dem Griechischen stammenden Bestandteilen zusammen: *lygos* bezeichnet den Zweig des Mönchspfeffers (*Vitex agnus-castus*), dessen biegsame Zweige schon im Altertum für Flechtwerk verwendet wurden; das Wort *daktylos* bedeutet Finger. So könnte man den Gattungsnamen *Lygodactylus* mit „Gecko mit biegsamen Fingern" übersetzen.

Kennzeichen aller Lygodactylus-Arten

Alle *Lygodactylus*-Arten erreichen im ausgewachsenen (adulten) Stadium nur eine vergleichsweise geringe Gesamtlänge von 4–8 cm (maximal 9 cm). Darauf weisen schon die umgangssprachlichen Namen

„Zwerggeckos“ oder im Englischen „dwarf geckos” hin. Etliche andere Arten der Gekkonidae sind allerdings ähnlich klein oder noch kleiner, etwa einige Kugelfingergeckos der Gattung *Sphaerodactylus*.

Die jeweils erste Zehe der Vorder- und Hinterfüße ist stark verkürzt, besitzt aber bei den meisten Arten eine – mit einer Lupe gut erkennbare – winzige Kralle. Die zweiten bis fünften Zehen sind an ihrer Spitze verbreitert und tragen hier unterseits 4–6 Haftschuppen (Haftlamellen), die paarig angeordnet und mittig durch eine schmale Furche voneinander getrennt sind. Die zweiten bis fünften Zehen zeigen jeweils eine gut ausgebildete, endständige Kralle, die zwischen die Haftschuppen zurückgezogen werden kann. Die vierte Zehe ist bei allen *Lygodactylus*-Arten die längste.

WUSSTEN SIE SCHON?

Die folgende „Leiter“ gibt die systematische Stellung der Gattung *Lygodactylus* innerhalb der Reptilien an:

- Klasse Reptilia
- Unterklasse Lepidosauria
- Ordnung Squamata (Schuppenkriechtiere)
- Unterordnung Sauria (Echsen)
- Zwischenordnung Gekkota
- Familie Gekkonidae (Haftzeher/Geckos)
- Unterfamilie Gekkoninae (Eigentliche Geckos)
- Gattung *Lygodactylus* (Zwerggeckos)

Aber nicht nur die Zehen haben ein Haftorgan ausgebildet, auch die Schwanzspitze ist bei beiden Geschlechtern unterseits mit Haftschuppen versehen. Dieses Haftorgan hat der Gattung *Lygodactylus* auch die deutsche Bezeichnung „Haftschwanzgeckos” eingebracht.

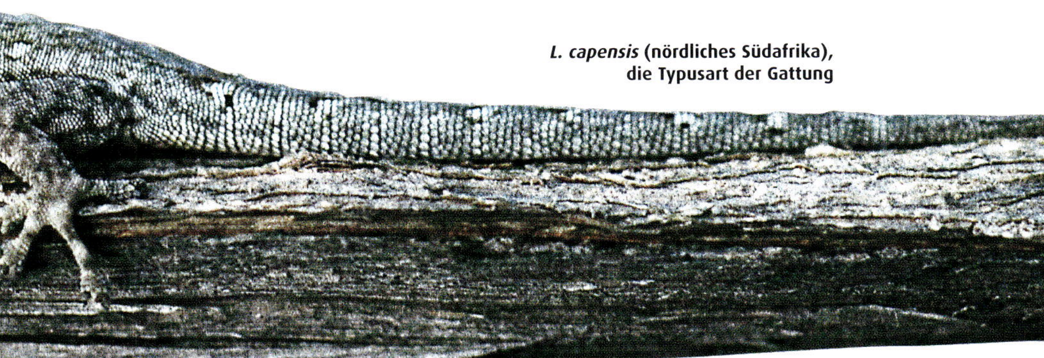

L. capensis **(nördliches Südafrika), die Typusart der Gattung**

Hinterfuß von *L. angolensis* (Weibchen): die vierte Zehe weist vier Paare von Haftschuppen auf.

Schwanzregenerat von *L. picturatus*: verbreiterte Subcaudalia (wie im Originalschwanz) und gut regeneriertes Haftorgan mit unregelmäßig angeordneten Haftschuppen.

Bei Verlust des Schwanzes wird das Haftorgan zwar nur unvollkommen, aber funktionsfähig regeneriert. Die regenerierte Schwanzspitze ist meist rundlich und trägt an der Unterseite unregelmäßig angeordnete Schuppen mit Haftborsten. Es kommt aber nicht mehr zur Bildung paariger Haftschuppen.

Als tagaktive Geckos haben alle Arten der Gattung *Lygodactylus* eine runde Pupille, deren Durchmesser praktisch nicht veränderbar ist, d. h., die Zwerggeckos verengen oder schließen ihre Pupille nicht. Die Iris ist rötlich, braun oder goldbraun.

Viele Arten der Gekkonidae weisen hinter den Ohröffnungen in der Halsregion sogenannte Kalksäckchen auf, die auch als „endolymphatischer Apparat" bezeichnet werden und strukturell zum Innenohr gehören. Man kann sie bei Weibchen von der Unterseite durch die Haut als weiße Säckchen in der Halsregion erkennen. Jedes besteht aus einem Gang und einer sackähnlichen Struktur, die bei Weibchen mit Kalziumkarbonat gefüllt ist. Bei der mit *Lygodactylus* verwandten Gattung *Phelsuma* konnte gezeigt werden, dass die Größe der Kalksäckchen vom Fortpflanzungszyklus abhängt: Kalk-

WUSSTEN SIE SCHON?

Das Haftorgan an der Schwanzspitze wird auch als caudales Haftorgan bezeichnet (caudal lat.: am Schwanz oder am Körperende gelegen). Es wurde 1899 von TORNIER bei *Lygodactylus picturatus* entdeckt und besteht aus quer gestellten paarigen Haftschuppen, die genauso aufgebaut sind wie die Haftschuppen der Zehen; sie tragen also auch unzählige Haftborsten auf ihrer Oberfläche. Bei Arten der *picturatus*-Gruppe ist das caudale Haftorgan sogar größer als die Haftorgane unter den Zehen. Es dient wohl or allem als zusätzliche Rutschsicherung beim Abwärtslaufen sowie bei Sprüngen auf glatten Flächen wie Blättern oder unstrukturierter Baumrinde. In der bevorzugten Lauerstellung der Geckos mit abwärts gerichtetem Kopf wird das Haftorgan fast immer an die Unterlage gepresst.

Originalschwanz eines Jungtiers von *L. angolensis*: das Haftorgan hat paarige Haftschuppen; Schuppen der Schwanzunterseite (Subcaudalia) ohne auffällig regelmäßige Anordnung

säckchen dienen als Reservoir für die Bildung der kalkigen Eischalen. Dass die Größe der Kalksäckchen kurz vor der Eiablage abnimmt, kann man auch bei *Lygodactylus* beobachten.

Lebensweise und Verhalten

Geckos der Gattung *Lygodactylus* leben in der Regel in Verbänden zusammen, die ein Männchen und ein oder mehrere Weibchen sowie halb erwachsene Jungtiere umfassen. Die meisten Arten sind arboricol (baumbewohnend). Auf kleinen Bäumen findet man in der Regel nur ein Männchen. Auf großen, verzweigten Bäumen können sich auch mehrere Männchen halten und dort Baumabschnitte als eigene Reviere verteidigen. Bei Störungen rutschen die Geckos entweder blitzschnell oder auch betont langsam um den Stamm oder den Ast herum und verschwinden somit aus dem Blickfeld des Eindringlings. Oft flüchten sie dann auf der abgewandten Seite weiter den Stamm hinauf oder hinab; allerdings endet die Flucht manchmal an der Reviergrenze des nächsten Artgenossen. Von den hier beschriebenen Arten zieht sich nur *L. angolensis* bei Störungen in Ritzen oder Spalten der Borke des bewohnten Baums zurück.

Weibchen können im Revier eines Männchens untereinander eine hierarchische Sozialstruktur mit einem dominanten Weibchen an der Spitze ausbilden. Dem dominanten Weibchen weichen dann alle anderen Weibchen aus. Sie legen ihre Eier in Rindenspalten, in Baumhöhlen, im Wurzelbereich von Bäumen oder manchmal auch in verlassenen Termitenlöchern in Ästen ab. Oft werden solche Plätze von mehreren Weibchen gemeinsam zur Eiablage genutzt. Schlüpflinge und Jungtiere leben im Allgemeinen nicht in den Revieren adulter Männchen, sondern oft im Bereich der Strauch- oder Krautschicht.

Lygodactylus-Geckos sind hauptsächlich vormittags und am späten Nachmittag aktiv. Sie erscheinen morgens bereits 15–30 Minuten nach Sonnenaufgang aus ihren

Tiwi Beaches, Kenia: ein Männchen und zwei Weibchen von *L. picturatus* bewohnen den mehrstämmigen Baum

Übernachtungsverstecken und verschwinden erst 15–30 Minuten nach Sonnenuntergang wieder. Damit haben sie eine deutlich längere Aktivitätsphase als andere tagaktive Echsen ihres Lebensraums. Der Mittagshitze weichen sie aus, indem sie sich auf den Schattenseiten der Zweige verstecken. Einen großen Teil ihrer aktiven Zeit verbringen sie mit dem Nahrungserwerb. Sie sind Lauerjäger und nehmen Bewegungen kleiner Objekte von 0,5–1 cm Größe bereits auf ca. 2 m Entfernung wahr. Vor dem Zustoßen werden Beutetiere immer mit beiden Augen fixiert. Im Freiland ernähren sich *Lygodactylus*-Geckos von kleinen Wirbellosen wie Faltern, Fliegen, Zuckmücken, Termiten, Ameisen, kleinen Heuschrecken, Schmetterlingsraupen, Käfern und Spinnen. Sie können entweder schnell auf ein Beutetier zulaufen oder sich auch regelrecht anschleichen.

Im Terrarium sind die Geckos ebenfalls vormittags und hauptsächlich spätnachmittags bis kurz vor Verlöschen der Beleuchtung aktiv. Morgens haben sie oft schon ihre Schlafplätze verlassen, bevor sich die Beleuchtung einschaltet; es gibt allerdings auch Langschläfer. Über Mittag, wenn es auch im Terrarium am wärmsten ist, verharren sie häufiger an einem Platz. Die späten Nachmittags- und frühen Abendstunden eignen sich daher gut zur Fütterung. Nach dem Verlöschen der Beleuchtung suchen die Geckos ihre Schlafplätze in Spalten in den Korkeichenröhren, den Türschienen oder auf Blättern auf. Manche schlafen sogar an den Terrarienscheiben. Zwerggeckos sind äußerst flinke Tiere. Viele Bewegungen geschehen ruckartig und so schnell, dass man manches Mal das eigentliche

Laufen nicht sieht, sondern nur den vollzogenen Ortswechsel. Sie springen über 30 cm von einem Ast zum nächsten. Zwischendurch bleiben sie – manchmal für Minuten – unbeweglich sitzen. Dabei beobachten sie jedoch jede Veränderung in ihrem Blickfeld.

Bei innerartlichen Auseinandersetzungen sowohl zwischen Männchen als auch zwischen Weibchen beobachtet man bei *Lygodactylus* ein sogenanntes Drohimponieren, das auch bei vielen anderen Geckos vorkommt. Es gibt zwei Imponierformen, die einander abwechseln können: Beim „Seitwärtsdrohen" krümmt ein drohendes Männchen seinen Rücken und präsentiert seinen seitlich abgeflachten Körper von der Seite. So wirkt es größer. Dieses Drohimponieren wird noch durch das Aufblähen der Kehle verstärkt. Zusätzlich kann der Schwanz in der Horizontalen oder hochgestreckt in einem schrägen Winkel dazu seitlich wedeln. Meistens zieht sich der unterlegene Gegner in dieser Situation zurück. Wenn nicht, kann das drohende Männchen plötzlich auf ihn zukommen und versuchen zuzubeißen. Beim „Vorwärtsdrohen" dagegen sind der Kopf und die gewölbte Kehle direkt gegen den Gegner gerichtet; der Körper ist wie beim Seitwärtsdrohen gekrümmt. Der Vorderkörper kann dabei einige Male auf und ab wippen.

Das Drohimponieren zwischen Weibchen läuft genauso wie zwischen Männchen ab. In den meisten Fällen zieht sich das unterlegene Weibchen beim Anblick der Drohhaltung des dominanten Weibchens zurück. Weibchen sind untereinander verträglicher als Männchen. Selbst Jungtiere beherrschen untereinander schon das volle Programm des Drohimponierens.

Artunterscheidungsmerkmale

Zur Unterscheidung von Artengruppen der Gattung *Lygodactylus* werden u. a. Struktur und Anzahl bestimmter Schuppen am Kopf, die Anzahl der Haftschuppenpaare unter der vierten Zehe, die Anordnung der Schuppen unter dem Schwanz sowie die Anzahl der Präanalporen der Männchen herangezogen. Dies sind Merkmale, die man in der Regel nicht mit bloßem Auge, aber bereits mit einer einfachen Lupe gut erkennen kann. Insbesondere zur Unterscheidung einzelner Arten können die Kopf-Rumpf-Länge der Geckos und vor allem ihre Färbung – hier z. B. auch die Kehlfärbung und -zeichnung – ergänzend herangezogen werden.

Weibchen von *L. mombasicus* (*picturatus*-Gruppe): ungeteiltes Mentale und 3 Postmentalia

Die hier behandelten vier Arten können in zwei Gruppen eingeteilt werden. Die Arten *L. picturatus*, *L. mombasicus* und *L. kimhowelli* haben viele Merkmale gemeinsam und werden im Folgenden als *picturatus*-Gruppe bezeichnet. Die Art *L. angolensis* gehört zur *capensis*-Gruppe, deren Angehörige sich in mehreren Merkmalen von denen der *picturatus*-Gruppe unterscheiden.

Direkt unter der Kinnspitze befindet sich das Mentale (Kinnschild). Es hat in etwa eine dreieckige Form und ist bei Angehörigen der *picturatus*-Gruppe ungeteilt. Bei *L. angolensis* weist es seitlich tiefe Einkerbungen auf. An das Mentale schließen sich die Postmentalia (Hinterkinnschilde) an.

Die Schuppen der Schwanzunterseite (Subcaudalia) können verschiedene Formen und Anordnungen haben. Bei Angehörigen der *picturatus*-Gruppe sind die in der Mitte gelegenen Schuppen quer verbreitert. Bei *L. angolensis* sind die Subcaudalia nicht klar verbreitert; die dachziegelartigen Schuppen folgen keiner auffällig regelmäßigen Anordnung.

Die Schwanzspitze ist bei der *picturatus*-Gruppe etwas verbreitert, und das caudale Haftorgan

Weibchen von *L. angolensis*: Mentale mit tiefen Einkerbungen (Pfeil) und 3 Postmentalia

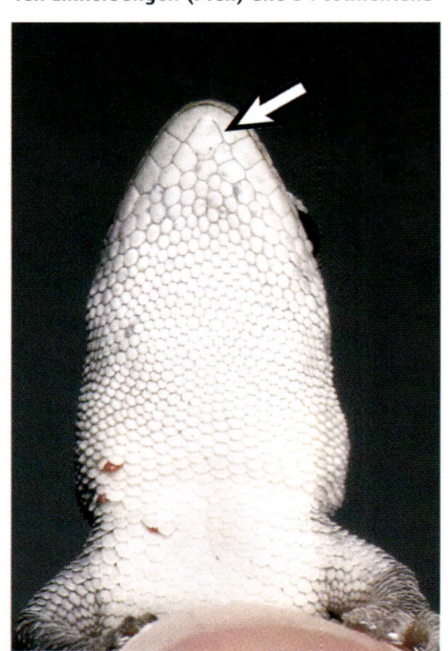

besteht aus 7–9 Haftschuppenpaaren. Die Schwanzspitze von *L. angolensis* ist mehr oder weniger spitz, und das caudale Haftorgan besteht aus 4–6 paarigen Haftschuppen.

Bei Angehörigen der *picturatus*-Gruppe weisen die jeweils vierten Zehen fünf Paar Haftschuppen auf. *L. angolensis* hat nur jeweils vier Haftschuppenpaare unter den vierten Zehen.

Unterschiede zwischen den Geschlechtern

Nur bei *L. picturatus* unterscheiden sich die Geschlechter deutlich in der Färbung. Bei *L. mombasicus* und *L. kimhowelli* können Männchen und Weibchen an der Kehlzeichnung unterschieden werden. Bei *L. angolensis* ist eine Geschlechtsbestimmung anhand der Färbung nicht möglich. Bei *L. angolensis* sind die schwarzen Flecken auf dem Rücken und an den Flanken bei den Männchen auffälliger als bei den Weibchen.

Eindeutig unterscheiden kann man die Geschlechter an den Präanalporen, die nur bei Männchen an der Unterseite zwischen den beiden Oberschenkeln vorhanden sind. Die Poren liegen in einer Reihe etwas vergrößerter Schuppen, die in einem stumpfen Winkel oder in einem Bogen angeordnet sind. Diese Reihe kann man auch bei Weibchen finden; die Schuppen können auch bei ihnen – besonders bei *L. angolensis* – dunklere Flecken aufweisen, jedoch keine Poren. Bei subadulten (noch nicht geschlechtsreifen) Männ-

Bestimmungsschlüssel

Der folgende Schlüssel umfasst nur die vier hier behandelten Arten.

1 Kopf leuchtend gelb mit undeutlicher, bräunlich/grünlicher Zeichnung, Kehle ± schwarz	*L. picturatus*, Männchen
1' Kopf anders	2
2 Kopf weißlich bis hellgelb mit klar abgesetzter, kräftig dunkelbraun/schwarzer Zeichnung	3
2' Kopf anders	4
3 Rücken mit durchgehenden, dunklen Längsstreifen	*L. kimhowelli*
3' Rücken ohne durchgehende Längsstreifen, aber ggf. mit Fleckenreihen	*L. mombasicus*
4 Mentale ungeteilt	*L. picturatus*, Weibchen
4' Mentale eingekerbt	*L. angolensis*

Kloakalregion eines Männchens von *L. mombasicus*: es sind 11 Präanalporen vorhanden

Kloakalregion eines Weibchens von *L. picturatus*: Präanalporen fehlen

Kloakalregion eines Männchens von *L. angolensis*: es sind sieben Präanalporen vorhanden. Die Schuppen auf der Unterseite der Oberschenkel sind dunkel gefärbt.

chen sind sie noch nicht vorhanden; sie entwickeln sich erst kurz vor oder mit dem Beginn der Geschlechtsreife. Die Präanalporen sind Öffnungen in der Haut liegender Drüsen. Während der Fortpflanzungszeit kann aus den Poren ein festes Sekret abgegeben werden, das wie Wachs aussieht. Besonders aus den außen liegenden Poren können regelrechte kleine Sekretstifte herausragen. Wahrscheinlich werden darüber Duftstoffe abgegeben, die als Signale für Artgenossen dienen.

Zusätzlich zu den Präanalporen haben ältere Männchen über den Schuppen mit den Präanalporen sowie an der Unterseite ihrer Ober- und/oder Unterschenkel glänzende, oft dunkler gefärbte Schuppen, die den Wappenschilden („escutcheon scales") der Männchen der Kugelfingergeckos ähneln. Ihre Bedeutung bei der Gattung *Lygodactylus* ist unbekannt.

WUSSTEN SIE SCHON?

Männchen der Gattung *Lygodactylus* haben wie alle Schuppenkriechtiere paarige Kopulationsorgane, die Hemipenes. Sie liegen eingestülpt in der Kloakenwand und sind oft an den mehr oder weniger vorgewölbten Hemipenistaschen von außen an der Schwanzwurzel erkennbar. Bei den hier beschriebenen *Lygodactylus*-Arten ist die Schwanzwurzelregion der Männchen jedoch von derjenigen der Weibchen kaum zu unterscheiden.

Beschreibung der Arten

IM Folgenden sollen die Zwerggecko-Arten, die regelmäßig im Zoohandel auftauchen und auf diese Weise in die Terrarien der Liebhaber gelangen, näher vorgestellt und beschrieben werden.

Lygodactylus picturatus (PETERS, 1870) – Gelbkopf-Zwerggecko

Lygodactylus picturatus kommt im Küstenbereich Ostafrikas vor. Das Verbreitungsgebiet umfasst dabei das kenianische Küstengebiet in der Region um Mombasa, die gesamte tansanische Küste mit den Inseln Sansibar und Mafia und das nördliche Küstengebiet Mozambiks.

Lygodactylus picturatus lebt rein arboricol (baumlebend): Man findet die Art an Kokospalmen direkt an der Küste, an größeren und kleineren Bäumen im küsten-

Habitat von *L. picturatus* in Tiwi Beaches, Kenia

nahen Hinterland sowie an Hauswänden und Zäunen in menschlichen Siedlungen. Kleinere Bäume und Büsche werden in der Regel von einem Männchen und einem oder mehreren Weibchen bewohnt. Auf einer Palme lebt oft nur ein einziges Paar.

Männchen von *L. picturatus* weisen eine Kopf-Rumpf-Länge von 38–40 mm und eine durchschnittliche Gesamtlänge von 80 mm auf; die Weibchen sind ca. 2–3 mm kleiner und haben ein schlankeres Erscheinungsbild mit einem schmaleren Kopf.

Kopf und Schulter der Männchen sind leuchtend gelb mit schmalen, dunkelbraunen oder schwarzen Streifen oder Flecken. Der restliche Körper – einschließlich Extremitäten und Schwanz – ist hell blaugrau gefärbt und hat eine Zeichnung aus hellen und dunkleren ozellenartigen Flecken. Hellere Streifen verlaufen mittig auf dem Rücken und jeweils auf beiden Körperseiten

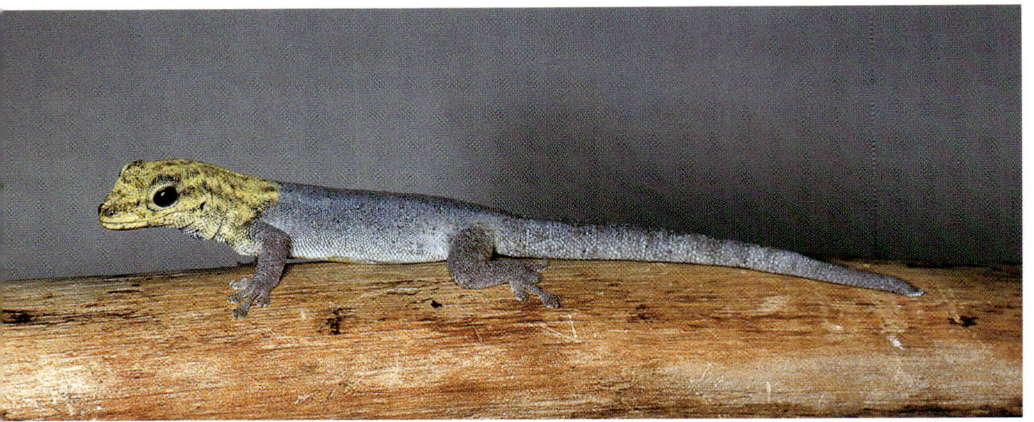

Männchen von *L. picturatus*

von den Schultern bis zum Schwanz. Der Bauch ist einfarbig gelb bis gelborange, die Kehle samtschwarz. Diese Prachtfärbung der Männchen von *L. picturatus* ist jedoch stimmungsabhängig: Im Freiland zeigt sie z. B. ein revierverteidigendes Männchen. Bei Störungen verfärbt sich der gesamte Körper in Sekunden fast schwarz, wobei der Kopf seine Gelbfärbung nahezu völlig verlieren kann. Solch eine Färbung findet man bei Tieren im Terrarium selten oder überhaupt nicht: Hier werden die Männchen nur

Weibchen von *L. picturatus*

bräunlich dunkler. Die Streifen auf dem Rücken und an den Flanken sind dann heller braun gefärbt.

Männliche *L. picturatus* haben durchschnittlich 6–8 Präanalporen, in seltenen Fällen können es bis zu 12 sein.

Weibchen zeigen in der Regel ein schlichteres Farbkleid als Männchen. Sie sind beigebraun gefärbt, mit eingestreuten hellen und dunklen Flecken, und haben – wie die Männchen – mittig auf dem Rücken und auf den Körperseiten hellbraune, von der Schulter bis zum Schwanz verlaufende Streifen. Besonders die Flanken und die Oberseite des Schwanzes können helle, manchmal ozellenartige Flecken zeigen. Auf dem Schwanz sind die Flecken paarig angelegt. Die Bauchseite ist gelb. Die Kehle ist weiß und weist eine /\-förmige Zeichnung auf. Auch die Weibchen können – z. B. wenn sie isoliert gehalten werden – einen gelb gefärbten Kopf haben. Allerdings ist das Gelb nie so leuchtend wie bei den Männchen, und der Körper ist nicht blaugrau, sondern beigegrau.

Nachts zeigen sowohl Männchen als auch Weibchen eine helle Färbung.

Kehlzeichnung eines Männchens von *L. picturatus*

Kehlzeichnung eines Weibchens von *L. picturatus*

Zur Nomenklatur von *L. picturatus* und *L. mombasicus* (vergl. Röll 2004)

Lygodactylus picturatus wurde von Peters 1868 als Gecko mit einem gelben Kopf beschrieben, und in der Literatur ist bis 1965 mit *L. picturatus* auch stets ein „gelbköpfiger" Geckos gemeint. Danach wurde dieser Artname in der Literatur zwei sehr verschieden aussehenden *Lygodactylus* zugeordnet: zum einen der gelbköpfigen Form und zum anderen einer Form, die sich durch eine weiße bis cremefarbene Grundfärbung von Kopf und Hals mit einem dunkelbraunen oder schwarzen auffälligen Muster auszeichnet („weißköpfiger" Gecko). Zusätzlich bekam die gelbköpfige Art einen weiteren Namen: *L. luteopicturatus*. Welche Form ist nun diejenige, die Peters ursprünglich als „*picturatus*" beschrieb? Der Holotyp (Exemplar, anhand dessen die Art beschrieben wurde) ist im Museum für Naturkunde in Berlin hinterlegt. Seine Untersuchung konnte in dieser Frage nicht weiterhelfen, da er infolge einer Formolfixierung völlig entfärbt ist. So blieb nur übrig, anhand der Literatur nachzuvollziehen, wie es zu der verwirrenden Namensgebung der beiden *Lygodactylus*-Formen kam. Diese Recherche ergab, dass die gelbköpfige Form 1965 von Pasteur neu als *L. luteopicturatus* beschrieben wurde, ohne auch nur kursorisch zu überprüfen, ob bereits nomenklatorisch verfügbare und prioritäre Namen vorhanden waren. Daher ist *L. luteopicturatus* Pasteur, 1965 als Synonym zu betrachten. Der früheste verfügbare Name für den „weißköpfigen" Gecko ist *L. mombasicus* Loveridge, 1935.
Damit es nicht zu weiterer Verwirrung über die Namensgebung kommt: In einem Feldführer über die Reptilien Ostafrikas (Spawls et al. 2002) wird die gelbköpfige Art noch als *L. luteopicturatus* und die weißköpfige Art als *L. picturatus* bezeichnet.

Lygodactylus picturatus wird im Handel manchmal auch als *L. capensis* bezeichnet. Besonders die schlicht gefärbten Weibchen können in der Tat mit *L. capensis* verwechselt werden. Ist man sich nicht klar darüber, welche Art vorliegt, kann man die Tiere vorsichtig fangen, in ein Glas oder durchsichtiges Plastikgefäß setzen und mit einer Lupe das Mentale an der Kinnspitze überprüfen. Ist es ungeteilt, handelt es sich um eine Art aus der *picturatus*-Gruppe; weist es Einkerbungen auf, handelt es sich um *L. capensis*.

Lygodactylus mombasicus Loveridge 1935 – Weißköpfiger oder Mombasa-Zwerggecko

Lygodactylus mombasicus kommt im Küstengebiet um Tanga im nördlichen Tansania sowie im gesamten Küstengebiet von Kenia vor. Sein Verbreitungsgebiet erstreckt sich teilweise auch von der Küstenregion entlang von Flüssen weiter ins Landesinnere.

Lygodactylus mombasicus ist wie *L. picturatus* arboricol; in den Küstengebieten bewohnt die Art größere Bäume am Strand und in Gärten. Palmen sowie auch Gebäude scheint die Art zu meiden. Weiter im savannenartigen Landesinneren besiedelt *L. mombasicus* Bäume

Habitat von *L. mombasicus* im Küstengebiet südlich von Mombasa, Kenia

wie z. B. Baobabs oder Akazien. Mit einer Kopf-Rumpf-Länge von ca. 39–42 mm und einem ebenso langen Schwanz erreicht *L. mombasicus* eine Gesamtlänge von bis zu 84 mm. Weibchen erreichen eine Kopf-Rumpf-Länge sowie Schwanzlänge von 38–40 mm und haben einen schmaleren Kopf.

Kopf und Schulterbereich beider Geschlechter sind in der Grundfärbung cremeweiß und zeichnen sich durch ein dunkelbraunes oder schwarzes, auffällig klar gezeichnetes Muster aus. Ein schwarzer Streifen verläuft quer über die Nase, durch die Augen und dann seitlich am Kopf entlang bis über die Schultern hinaus. Die schwarze Markierung zwischen den Augen gleicht – wenn man den Gecko von vorn betrachtet – dem Buchstaben „W" oder einer Krone. Es folgen schwarze, z. T. jeweils miteinander verschmolzene, größere Fleckenpaare auf dem Hinterkopf auf dem Nacken und auf dem Vorderkörper. Das Fleckenpaar auf dem Nacken kann eine Verbindung mit den seitlichen schwarzen Streifen eingehen. Dieses Muster ist variabel; bei manchen Tieren verbindet sich z. B. die W-ähnliche Zeichnung mit dem folgenden Fleckenpaar. Rücken, Beine und Schwanz sind beigegrau und können helle, ozellenartige Flecken aufweisen. Das Fleckenpaar hinter dem Ansatz der Vorderbeine kann sich in zwei durchbrochenen Streifen auf dem Rücken fortsetzen. Diese Streifen können aber auch nur angedeutet sein. Die Bauchseite ist bei beiden Geschlechtern gelb. Männchen und Weibchen können je nach Stimmung

Männchen von *L. mombasicus*

Dunkel gefärbtes Weibchen
von *L. mombasicus*

eine dunkle Färbung annehmen. Dabei verfärbt sich der ganze Körper bräunlich beige; das schwarze Muster auf Kopf und Schulterbereich bleibt aber immer gut sichtbar.

Männchen und Weibchen unterscheiden sich in der Kehlzeichnung. Die Kehle der Männchen ist fast völlig schwarz; bei manchen Männchen sind seitlich zwei schmale, weiße Streifen erkennbar. Weibchen weisen eine /\-ähnliche Zeichnung auf, die hellgrau oder schwarz sein kann. Männchen besitzen in der Regel 10–11 Präanalporen; bei manchen Tieren sind es auch weniger.

Kehlzeichnung eines Männchens von *L. mombasicus*; Kehlzeichnung eines Weibchens siehe unter Kapitel „Artunterscheidungsmerkmale"

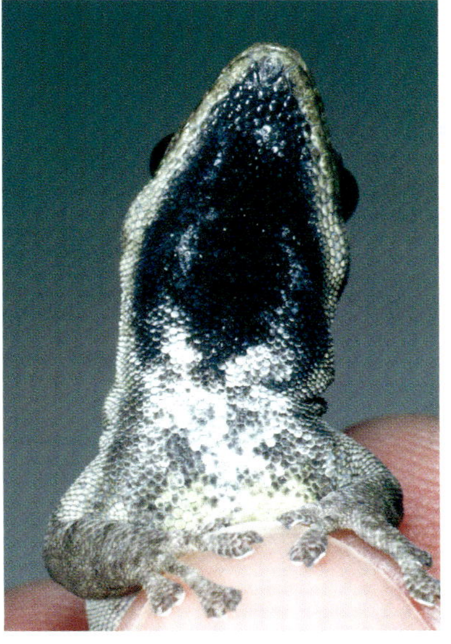

Lygodactylus kimhowelli Pasteur, 1995 – Streifen-Zwerggecko

Lygodactylus kimhowelli kommt endemisch in Tansania in einem Küstenwald in der Region von Tanga bis zur kenianischen Grenze vor. Aus Kenia ist bisher noch kein Fundort bekannt. Über die Lebensweise von *L. kimhowelli* sind kaum Daten veröffentlicht, obwohl gerade diese sehr attraktive Art häufig in Zoohandlungen zu finden ist. *Lygodactylus kimhowelli* wurde im genannten Gebiet im Wald sowie in nahe gelegenen menschlichen Siedlungen gefunden.

Die Art gehört mit einer Gesamtlänge von knapp 90 mm wie *L. mombasicus* zu den größten Vertretern der Gattung. Die Kopf-Rumpf-Länge der Männchen beträgt 40–44 mm, die der Weibchen 39–42 mm. Der Schwanz ist ebenso lang wie Kopf und Rumpf, kann aber auch um 2–3 mm kürzer sein.

Männchen und Weibchen sind gleich gefärbt. Kopf und Schulter haben eine cremig weiße Grundfärbung und weisen ein dunkelbraunes oder schwarzes Muster auf, das dem von *L. mombasicus* sehr ähnlich ist. Im Unterschied zu *L. mombasicus* verlaufen die drei Fleckenpaare auf dem Hinterkopf, dem Nacken und auf dem Vorderkörper ineinander und setzen sich auf dem Rücken als durchgehende schwarze Streifen bis zur Schwanzwurzel fort. Auch die Streifen von der Schnauzenspitze durch das Auge verlaufen bis zur Schwanzwurzel. Die schwarze Zeichnung ist bei *L. kimhowelli* ebenfalls variabel, so können z. B. die Flecken auf dem Hinterkopf auch ohne Verbindung zu den Streifen

Kehlzeichnung eines Männchens von *L. kimhowelli*

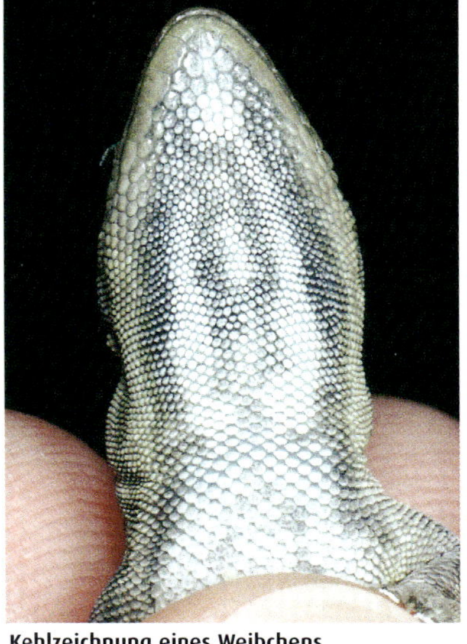

Kehlzeichnung eines Weibchens von *L. kimhowelli*

bleiben. Die Grundfärbung des Hinterkörpers und des Schwanzes ist beigegrau bis bläulich grau; die Schwanzoberseite kann mittig eine Zeichnung aus dunklen Flecken besitzen. Je nach Stimmung kann die Gesamtfärbung dunkler sein, die dunkle Zeichnung bleibt aber erkennbar.

Die Bauchseite kann hellgelb bis gelborange sein.

Beide Geschlechter weisen die gleiche /\-ähnliche Kehlzeichnung auf, die schwarz oder auch grau sein kann. Die Kehlen der Weibchen sind aber in der Regel deutlich blasser als die der Männchen. Männchen haben meist 10–11 Präanalporen.

Lygodactylus angolensis Bocage, 1896 – Angola-Zwerggecko

Lygodactylus angolensis ist eine im südlichen bis zum östlichen Afrika weit verbreitete und anscheinend häufig vorkommende Art, die jedoch kaum bekannt ist und von der offensichtlich bisher keine Fotos aus dem natürlichen Lebensraum veröffentlicht sind. Der Angola-Zwerggecko kommt vor allem im Einzugsgebiet des Zambezi vor und ist vom südöstlichen Angola bis ins nördliche Simbabwe zu finden. Weiterhin sind verstreute Fundpunkte von *L. angolensis* aus Kenia und Tansania bekannt.

Lygodactylus angolensis lebt in trockenen Laubwäldern und Savannen und bewohnt dort sowohl niedrige Büsche als auch tote Bäume, deren Rinde hervorragende Versteckplätze bietet. Vermutlich lebt die Art auch als Kulturfolger in Dörfern und Städten und wird ähnlich wie *L. capensis* an Mauern in Gärten und Wänden von Häusern zu finden sein.

Adulte Geckos erreichen eine Kopf-Rumpf-Länge von 30 bis 34 mm und eine Schwanzlänge von 36 bis 40 mm; die Gesamtlänge beträgt damit maximal rund 75 mm. Männchen können 1–2 mm größer als Weibchen werden.

Beide Geschlechter haben eine graue bis beige-

farbene Grundfärbung. Die Oberseite des Kopfes zeigt feine, kurze, dunkle Striche. Der Rücken ist mit kleinen cremefarbenen Flecken übersät.

An den Flanken befinden sich 6–7 größere, grau-weiße Augenflecken, die an den Seiten dunkel bis schwarz umrandet sind. Bei adulten Männchen ist diese schwarze Umrandung auffälliger als bei den Weibchen. Die Augenflecken liegen in einer Längsreihe, die etwas heller sein kann als der restliche Körper. Je nach Stimmung kann dieser hellere Streifen auch eine leicht bräunliche Färbung annehmen.

Auf der Schwanzoberseite sind die Augenflecken unregelmäßig geformt und können in der Mitte

WUSSTEN SIE SCHON?

Der Angola-Zwerggecko, *L. angolensis*, ist dem Kap-Zwerggecko, *L. capensis*, sehr ähnlich, und zwar in der Größe, in den Schuppenmerkmalen und auch in der beigefarbenen Grundfärbung. *Lygodactylus capensis* hat ein ähnlich großes Verbreitungsgebiet wie *L.angolensis*, und Vertreter aus verschiedenen Regionen wie z. B. aus Namibia, Südafrika, Sambia und Malawi variieren in Färbung und Zeichnung, vor allem in der Ausprägung des dunklen Streifens und der hellen Flecken an den Flanken. Die seitlich schwarz umrandeten Augenflecken treten jedoch nur bei *L. angolensis* auf.

Im Feldführer von Spawls et al. (2002) über die Reptilien Ostafrikas wird *L. capensis* beschrieben und abgebildet. Diese Bestimmung wurde in den ersten drei Auflagen dieses Bandes übernommen. Anhand genetischer Untersuchungen und anhand von Museumsexemplaren hat sich jedoch herausgestellt, dass es sich zumindest bei den Tieren im Handel um *L. angolensis* handelt.

Männchen von *L. angolensis* aus Tansania

miteinander verschmelzen. Ein stets auffällig grau-weißliches Augenfleckenpaar liegt dorsal kurz hinter der Schwanzwurzel. Brust- und Bauchbereich sind cremeweiß oder gelblich gefärbt. Die Unterseite eines Originalschwanzes kann leicht orange gefärbt sein; bei einem Regenerat ist sie dagegen grau. Sowohl bei Männchen als auch bei Weibchen ist die Färbung stimmungsabhängig. Beide Geschlechter können eine dunkelbraune Färbung annehmen; die weißen Augenflecken sind dann ebenfalls bräunlich.

Die Kehle ist bei beiden Geschlechtern weißlich und kann einzelne dunkler pigmentierte sowie gelbe Schuppen aufweisen. Männchen haben 7–10 Präanalporen; die Tiere aus Tansania haben in der Regel 7 Poren.

Aus Tansania importierte Geckos dieser Art werden im Handel oft

fälschlich als „*L. angularis*" (manchmal sogar als „*L. annularis*") bezeichnet. Die Art *L. angularis* kommt zerstreut in Teilen von Kenia, Tansania und Malawi vor, ist jedoch größer als *L. angolensis*, und beide Geschlechter haben zwei dunkle, winkelförmige Markierungen an der Kehle. Zudem soll die Bauchseite der Männchen rosafarben, die der Weibchen zitronengelb sein. Einen „*L. annularis*" gibt es nicht.

Kehlzeichnung eines Männchens von *L. angolensis;* Kehlzeichnung eines Weibchens siehe unter Kapitel „Artunterscheidungsmerkmale"

Weibchen von *L. angolensis* aus Tansania

Haltung

DAS Tierschutzgesetz verlangt, dass der Halter eines Tieres „über die für eine angemessene Ernährung, Pflege und verhaltensgerechte Unterbringung des Tieres erforderlichen Kenntnisse und Fähigkeiten verfügen" muss. Wer sich an die in diesem Buch vorgeschlagenen Terrariengrößen, -einrichtungen, Haltungsbedingungen und Besatzzahlen hält, dürfte mit Behörden keine Schwierigkeiten bekommen.

Gesetzliche Bestimmungen

Alle Arten der Gattung *Lygodactylus* unterliegen nicht dem Artenschutzrecht. Ihr Besitz oder auch ihre Abgabe sind damit grundsätzlich nicht anzeigepflichtig. Allerdings greift das Tierschutzrecht, sodass die Haltungsbedingungen prinzipiell behördlich überprüft werden können. Unter welchen Mindestbedingungen Reptilien gehalten werden sollen, hat das Bundesministerium für Verbraucherschutz, Ernährung und Landwirtschaft in einem „Gutachten über Mindestanforderungen an die Haltung von Reptilien" festlegen lassen. Bei eventuellen Rechtsstreitigkeiten werden sich die Gerichte daran orientieren.

Terraristisches Wissen kann man mit dem „Sachkundenachweis" belegen, der für den Privathalter – noch – nicht verbindlich vorgeschrieben ist. Wer ihn erlangen möchte, kann sich bei der Deutschen Gesellschaft für Herpetologie und Terrarienkunde (DGHT) für die entsprechenden Schulungen und Prüfungen anmelden.

Erwerb, Transport und Quarantäne

Lygodactylus-Geckos kann man im Fachhandel, auf Reptilienbörsen oder am besten auch direkt von Züchtern erwerben. Da die Tiere – ungerechterweise! – oft nur als „Beifang" betrachtet werden, erfolgen Lieferungen sehr unregelmäßig. Man muss also versuchen, über die einschlägigen Fachblätter direkten Kontakt zu Haltern zu bekommen. Mitunter werden Nachzuchten in Kleinanzeigen (z. B. auf www.reptilia.de oder im Mitgliederbereich der DGHT unter www.dght.de) angeboten. Wegen des geringen Preises, der für diese Tiere gezahlt wird, lohnt die Zucht jedoch nicht für (halb-) kommerzielle Züchter.

Der Tierhandel tut sich schwer mit der Pflege so kleiner Tiere. *Lygodactylus*-Arten haben nur vergleichsweise wenige Reserven. Bereits abgemagerte Exemplare erkennt man an einem dünnen, ausgezehrten Körper, an Beinen mit nur noch wenig Muskulatur, an einer sich fast durch die Haut bohrenden Wirbelsäule, an deutlich sichtbaren Rippen und an hervortretenden Beckenknochen.

Geckos sind, wie erwähnt, ektotherme Tiere und müssen deshalb bei Transporten sowohl vor Kälte als auch vor großer Hitze geschützt werden. Zum Transport können Zwerggeckos aufgrund ihrer geringen Größe in sogenannten Grillen- oder Heimchendosen mit Papier gesetzt werden. Diese Dosen lassen sich gut in einer Styroporkiste (z. B. Picknick-Taschen mit Styroporwänden) stapeln. Bei kalter Witterung kann man flache, wasserdichte Plastikgefäße oder auch einfach eine Wärmflasche mit warmem Wasser füllen und mit in die Styroporkiste geben. Bei sehr warmer Witterung kann man in der gleichen Weise kaltes Wasser zur Kühlung verwenden. Die Temperatur in der Transporttasche sollte nicht unter 15 °C und nicht über 25 °C liegen.

Neu erworbene Geckos – besonders importierte Wildfänge – sind häufig mit Parasiten infiziert. Deshalb sollten diese Tiere zunächst ein eigenes Quarantäne-Terrarium beziehen, das sich leicht reinigen und desinfizieren lässt. Nach der Einwirkzeit muss das Desinfektionsmittel durch ausgiebiges Spülen mit heißem Wasser restlos entfernt werden, da Desinfektionsmittel eine toxische (giftige) Wirkung auf Reptilien haben können.

Mehrere Tiere einer Art, die man als Gruppe zusammen gekauft hat, können gemeinsam in einem Quarantäne-Becken untergebracht werden. Ein solches Terrarium wird zweckmäßig und übersichtlich eingerichtet, also z. B. nur mit wenigen Ästen. Der Bodengrund kann aus Küchenpapier oder auch aus sauberem Sand bestehen. Beide Materialien lassen sich leicht austauschen. Wärmequellen und Beleuchtung entsprechen denen normaler Terrarien. Die Bewohner eines Quarantäne-Beckens werden in der gleichen Weise mit Futterinsekten und Wasser versorgt wie etablierte Pfleglinge.

DER PRAXISTIPP

Es ist angebracht, neu erworbene Tiere in der ersten Zeit häufiger – am besten jeden Tag – mit Wasser und Futter zu versorgen, da die Tiere aufgrund des langen Weges gelitten haben.

DER PRAXISTIPP
Es kann vorkommen, dass durch Transport und langen Verbleib im Tierhandel ausgezehrte Zwerggeckos jegliches Futter verweigern. Solche Tiere sollte man eigentlich gar nicht erst erwerben. Hat man sich aber doch dazu entschlossen, kann man nur noch versuchen, sie per Hand zu füttern. Dazu bereitet man vor: einen kleinen Spatel oder Zahnstocher, einen Klecks Fruchtbrei oder Fruchtjoghurt, der mit einem Tropfen Vitaminlösung und ein paar Krümeln Kalziumlaktat versetzt wurde, sowie ein feuchtes Küchentuch. Der Gecko wird vorsichtig auf den linken Zeigefinger gesetzt. Dann taucht man den Spatel oder den Zahnstocher in den Brei und streicht damit leicht über die Schnauzenspitze des Geckos, sodass etwas von dem Brei dort hängen bleibt. Mit ein wenig Glück wird der Gecko diesen dann ablecken. Gelangt Brei auf die Nasenlöcher und leckt das Tier ihn nicht ab, muss man ihn mit dem feuchten Küchenpapier entfernen. Dieses Verfahren wird mehrere Male pro Tag wiederholt, möglichst ohne den Gecko zu überanstrengen. Bei Stressanzeichen wie z. B. Sperren (weit geöffnetes Maul; kann auch Hitze-Stress anzeigen) – muss man die Fütterung abbrechen und zu einem späteren Zeitpunkt wieder-holen. Ist der Gecko wirklich „nur" abgemagert und leidet nicht unter Krankheiten, so erholt er sich langsam. Und die Freude ist groß, wenn er zum ersten Mal eine *Drosophila*-Fliege annimmt. Diese Geduldsprobe kann sich also lohnen!

Um festzustellen, ob die Geckos mit Parasiten belastet sind, sollten während der Quarantänezeit Kotproben an einen Tierarzt oder eine geeignete Untersuchungsstelle gesendet werden. Zeigen die Tiere nach einer Quarantäne- und Aufbauzeit von 5–6 Wochen keinerlei Krankheitsanzeichen, können sie ihr endgültiges Terrarium beziehen.

Größe des Terrariums, Tierbesatz und Einrichtung

Die Mindestgröße der Terrarien sollte den Vorgaben in den „Mindestanforderungen" entsprechen. Für die Haltung baumbewohnender *Lygodactylus* sind jedoch Terrarien, die höher sind als in dem Gutachten angegeben, besser geeignet.

Alle Terrarien sollten mit mindestens zwei Lüftungsflächen aus feinmaschiger Drahtgaze ausgestattet sein. Eine gute Durchlüftung ist gewährleistet, wenn sich bei nebeneinander stehenden Terrarien z. B. eine große Lüftungsfläche an der hinteren Seite und eine zweite Lüftungsfläche mittig auf der Oberseite befinden. Bei frei stehenden Terrarien können beide Seitenflächen und die Oberseite aus Gaze bestehen. Die Türen des Terrariums – am besten Klapptüren an der Vorderseite – müssen möglichst dicht schließen, um ein Entweichen der Futtertiere zu vermeiden. Einem Entweichen der Geckos beim Öffnen der Tür kann man durch das Anbringen einer schmalen Glas-Querleiste oben an der Vorderseite des Terrariums zuvorkommen.

Lygodactylus-Geckos können am besten paarweise oder in einer Gruppe aus einem Männchen und zwei Weibchen gehalten werden. Für ein Paar von *L. angolensis* reicht ein Terrarium mit den Maßen 20 x 30 x 40 cm (Breite x Tiefe x Höhe) aus. Für ein Paar der Arten *L. picturatus*, *L. mombasicus* und *L. kimhowelli* (*picturatus*-Gruppe) genügt ein Becken mit den Maßen 25 x 30 x 40 cm. Für eine Gruppe aus einem Männchen und zwei Weibchen sollte der Behälter größer sein: 30 x 30 x 40 cm für *L. angolensis* und 35 x 30 x 40 cm für Angehörige der *picturatus*-Gruppe. Diese Angaben sind als Mindestangaben zu verstehen; selbstverständlich können die Terrarien auch größer sein. Die Behälter mit den hier angegebenen Maßen weisen gleiche Tiefe und gleiche Höhe auf; so können sie platzsparend nebeneinander auf Regalen arrangiert werden. Für die Haltung von bis zu sechs Tieren eignet sich ein Terrarium mit den Maßen 50 x 50 x 75 cm. Aufgrund der Konkurrenz der Männchen um Weibchen kann man aber auch in einem großen Becken nur jeweils ein Männchen mit mehreren Weibchen zusammen halten.

Terrarienanlage zur Haltung von *Lygodactylus*: 2-3 Geckos pro Terrarium. Erste Reihe (von oben) und dritte Reihe: Terrarien für adulte *Lygodactylus*; zweite Reihe: Terrarien für Jungtiere; vierte Reihe: Aufzuchtdosen für Schlüpflinge.

Hat man von einer Art nur Tiere des gleichen Geschlechts, so kann man mehrere Weibchen zusammen in einem Becken halten. Auch zwei Männchen können sich in einem Terrarium arrangieren: Entweder teilen sich die beiden Männchen das Terrarium in zwei Territorien auf, oder eines der beiden Männchen ist dominant. Im letzten Fall ist die Färbung des unterlegenen Tieres oft dunkler. Man muss darauf achten, dass unterlegenen Tieren nicht der Zugang zu Sonnenplätzen und Futtertieren verwehrt wird; ist dies doch der Fall, müssen die Tiere getrennt werden.

Die Einrichtung der Terrarien soll dem Lebensraum der Bewohner angepasst sein. Für baumbewohnende (arboricole) *Lygodactylus* besteht die Grundausstattung des Terrariums aus dem Bodengrund und diversen Ästen. Als Bodengrund eignet sich eine 2–3 cm tiefe Schicht aus Sand oder aus Sand-Blumenerde-Gemisch (Verhältnis 1:1). Senkrecht und etwas schräg gestellte dickere Äste, mehrere Bambusstangen und senkrecht gestellte, hohle Korkeichenrinde dienen als Sitz-, Kletter- und Versteckmöglichkeiten. Das obere Ende der Äste und/oder ein quer in das Terrarium eingebrachter Ast dienen als Sonnenplätze. Anzahl und Arrangement der Äste, Bambusstangen etc. sollten so gewählt werden, dass jeder Bewohner einen Sitzplatz außerhalb der Sichtweite der anderen einnehmen kann. Für drei Geckos im Terrarium reichen dafür z. B. ein dickerer Ast, eine Korkeichenrinde und zwei oder drei Bambusstangen aus.

Terrarium für eine Gruppe von bis zu sechs *Lygodactylus*-Geckos

Auf dem Boden kann man ein oder zwei Steine verteilen, die bei Verwendung einer Bodenheizung auch von den baumbewohnenden Zwerggeckos gelegentlich zum Aufwärmen genutzt werden.

Lygodactylus-Geckos kleben ihren mehr oder weniger trockenen Kot in der Regel an die Äste und Bambusstangen. Oft fällt dieser nach dem völligen Austrocknen auf den Bodengrund. Im Freiland kommen die Tiere nur selten in Berührung mit ihrem Kot, und das sollte man ihnen auch im Terrarium ersparen. Der Kot kann leicht aus dem sandigen Bodengrund entfernt und von den Ästen oder Bambusstangen abgewaschen werden.

Auch ein noch so großes Terrarium stellt nur einen kleinen Lebensraum dar, weshalb man unbedingt auf hygienische Verhältnisse achten muss. Terrarien und Einrichtungsgegenstände werden – nach Herausfangen der Bewohner – regelmäßig gesäubert (z. B. heiß abgewaschen); der Bodengrund kann vollständig erneuert werden.

Vergesellschaftung mit anderen Reptilien

Auch wenn von erfolgreichen Vergesellschaftungen von Geckos der Gattung *Lygodactylus* mit anderen Reptilien, wie z. B. Geckos der Gattung *Phelsuma* oder Leguanen der Gattung *Anolis*, berichtet wird, ist davon aus folgenden Gründen abzuraten:

1.) Unterschiedliche Aktivitätszyklen der Tiere sowie Konkurrenz um Futter und Eiablageplätze führen vermehrt zu Stresssituationen.

DER PRAXISTIPP

Als Bepflanzung eignet sich eine dicht wachsende Kletterpflanze – wie z. B. *Scindapsus* (Efeutute) oder *Philodendron* – in einem Blumentopf, der feucht gehalten wird. Die Blätter dienen als Sichtschutz und als Schlafplätze. Als weitere Bepflanzung in größeren Becken kann auch Bogenhanf (*Sansevieria*) verwendet werden, dessen lange Blätter ähnlich wie Äste als Laufflächen dienen.

2.) Ein hoher Tierbesatz – auch in einem entsprechend größeren Terrarium – erschwert den Überblick über den Gesundheitszustand aller Terrarieninsassen.

Terrarientechnik

Beheizung

Zur Beheizung eignen sich Heizmatten (z. B. Thermolux), die direkt unter den Terrarien liegen. Die Wattzahl der Heizmatten hängt von deren Größe ab. Für *Lygodactylus*-Terrarien eignen sich Heizmatten der Größe 30 x 50 cm (30 Watt) oder 30 x 70 cm (35 Watt). Es können mehrere Terrarien auf einer Heizmatte stehen; z. B. finden zwei Terrarien mit der Grundfläche 20 x 30 cm und drei Terrarien mit der Grundfläche 25 x 30 cm auf zwei nebeneinander liegenden Heizmatten der oben angegebenen Größen Platz. Die Heizzeit der Matten wird über Zeitschaltuhren so eingestellt, dass der Bodengrund mittags und nachmittags auf ca. 32–35 °C

Dunkel gefärbtes Weibchen von *L. kimhowelli*

aufgeheizt wird. Die Lufttemperatur liegt dann – je nach Höhe im Terrarium – zwischen 24 und 32 °C. Es entsteht also ein Temperatur-Gefälle, sodass die Tiere Stellen mit ihrer jeweiligen Vorzugstemperatur aufsuchen können. Alternativ kann man bei Terrarien mit einem Zwischenboden auch Heizmatten verwenden, die direkt unter den Behälter geklebt werden. In diesem Zwischenfach kann man zur zusätzlichen Heizung auch das Vorschaltgerät der Leuchtstofflampen unterbringen. Gegen Abend kann man die Temperatur über zwischenzeitliches Ausschalten der Heizmatten allmählich absenken; nachts bleiben die Matten ausgeschaltet. Die Lufttemperatur gleicht sich dann der Raumtemperatur von 20–21 °C an. An heißen Sommertagen werden die Heizmatten für kürzere Zeit oder überhaupt nicht eingeschaltet.

Bei Hitze-Stress verhalten sich Zwerggeckos wie viele andere Echsen auch: Sie strecken die Beine und heben den Körper vom Boden ab, halten das Maul geöffnet und atmen schneller. So kann durch die Verdunstung von Wasser über die Mundschleimhaut die Körpertemperatur gesenkt werden. Zeigt ein Gecko ein solches Verhalten im Terrarium, so ist die Temperatur eindeutig zu hoch. Zur Kontrolle verbleibt ein Thermometer im Terrarium.

Beleuchtung

Ostafrikanische *Lygodactylus*-Arten stammen aus tropischen Regionen, in denen Tag- und Nachtlänge in etwa gleich sind und die Lichtintensität tagsüber bei wolkenlosem Himmel ca. 100.000 lux erreichen kann. Daher werden die Terrarien täglich mindestens 12 Stunden mit Leuchtstofflampen beleuchtet, deren Spektrum möglichst weitgehend dem des Sonnenlichts gleicht. Am besten verwendet man zwei Leuchtstofflampen, von denen mindestens eine ein Lichtspektrum mit 5 % UV-B- und 30 % UV-A-Strahlung aufweist. Die zweite Leuchtstofflampe kann ebenfalls 5 % oder auch 2 % UV-B (letztere dann mit 10 % UV-A-Strahlung) haben. Weiterhin kann man auch eine Leuchtstofflampe mit 8 % UV-B - und 33 % UV-A-Strahlung mit einer Lampe mit 2 % UV-B kombinieren. Da der Lichtstrom und damit natürlich die Beleuchtungsstärke von Leuchtstofflampen im Laufe der Benutzungszeit abfallen, sollte man sie spätestens nach drei Jahren auswechseln. Für UV-Lampen wird in der einschlägigen Literatur empfohlen, sie bereits nach ca. 1000 Brennstunden auszutauschen.

Mit zwei 120 cm langen Leuchtstofflampen (je 36 W) können z. B. 5–6 Terrarien beleuchtet werden. Die Lampen und ihre Vorschaltgeräte können in einfachen, auch selbst gebauten Reflektoren untergebracht werden. Als Alternative kommen im Handel erhältliche Reflektoren in Betracht, die an der Lampe festgeklemmt werden. Da Glas UV-Licht absorbiert, werden die Leuchtstofflampen über dem Gazeteil der Oberseite installiert. Eine Zeitschaltuhr übernimmt das Ein- und Ausschalten der Beleuchtung.

Halogen-Metalldampflampen (HQI) sind hier keine praktische Alternative, da sie – bedingt durch ihre Bauart – für diese relativ kleinen Terrarien überproportioniert sind.

WUSSTEN SIE SCHON?

Das für den Menschen sichtbare Spektrum des Sonnenlichts liegt zwischen 400 nm (violettes Licht) und 700 nm (rotes Licht); das für uns nicht sichtbare, ultraviolette Licht ist kurzwelliger und liegt zwischen 400 und 200 nm. Das UV-Licht wird in drei Bereiche eingeteilt, dabei wird jeder Bereich mit einem Buchstaben gekennzeichnet: UV-A für den Bereich von 400-320 nm, UV-B für 320-280 nm und UV-C für 280-200 nm. Es ist die UV-B-Strahlung, die bei uns und auch bei Tieren körperliche Schäden wie z. B. Sonnenbrand verursachen kann. UV-Licht ist potenziell schädlich! Tiere in Habitaten mit hoher Lichteinstrahlung und damit hohem Anteil an UV-Licht, wie z. B. in Savannen oder Wüsten, leben dort nicht *wegen* des hohen Anteils an UV-Licht, sondern *trotz* der hohen UV-Strahlung, an die sie sich auf unterschiedliche Weise angepasst haben. Es ist nicht nötig (und auch gar nicht möglich), den Tieren im Terrarium einen ebenso hohen UV-Anteil in der Beleuchtung zu bieten wie im natürlichen Lebensraum. Eine gewisse Menge UV-B-Strahlung sollte jedoch im Spektrum der künstlichen Beleuchtung enthalten sein, da es für die Herstellung von aktivem Vitamin D_3 benötigt wird. Auch UV-A-Strahlung sollte im Lampenspektrum enthalten sein, da einige Reptilien - darunter auch Geckos - diese Wellenlängen mit Hilfe UV-sensitiver Sehfarbstoffe sehen können und dies manche Verhaltensweisen beeinflusst. Zwerggeckos haben allerdings mit ihrer gelb gefärbten Augenlinse eine in das Auge integrierte Sonnenbrille, die zum Schutz der Netzhaut kurzwelliges blaues und UV-Licht aus dem A-Bereich abfängt.

Große Obstfliege (*Drosophila hydei*)

Luftfeuchtigkeit

In den hier beschriebenen Terrarien, die mit Heizmatten erwärmt und mit Leuchtstofflampen 12 Stunden beleuchtet werden, liegt die relative Luftfeuchtigkeit tagsüber zwischen 45 und 50 %. Nach dem Überbrausen der Pflanzen und Äste im Terrarium mit Wasser steigt die relative Luftfeuchtigkeit auf 60–65 % an.

DER PRAXISTIPP
Einige Futterinsekten, wie z. B. Heimchen, Grillen oder *Drosophila*, kann man gewöhnlich das ganze Jahr über im Zoohandel kaufen oder auch per Post ins Haus gesendet bekommen. Wachsmottenlarven sind jedoch in der für *Lygodactylus*-Geckos benötigten Größe selten oder gar nicht erhältlich. Um Engpässe beim Futter – z. B. bei ungünstigen Witterungen – und hohe Kosten zu vermeiden, kann man Futtertiere auch selbst züchten. Alle hier genannten Futtertiere lassen sich leicht vermehren; es existieren bereits gute Bücher über Futtertierzuchten mit ausführlichen Anleitungen (z. B. Bruse et al. 2003; Friederich & Volland 1998).

Der feucht gehaltene Blumentopf mit der Rankenpflanze trägt zur Erhöhung der relativen Luftfeuchtigkeit bei.

Ostafrikanische *Lygodactylus*-Geckos kommen sowohl in Küstenregionen mit einer hohen relativen Luftfeuchtigkeit als auch weiter im Inland mit einer geringeren relativen Luftfeuchtigkeit vor. Diese Arten tolerieren auch im Terrarium Luftfeuchtigkeitswerte zwischen 30 und 60 %.

Ernährung

Lygodactylus-Geckos ernähren sich von den verschiedensten Insekten und verwandten Wirbellosen. Dieses breite Beutespektrum kann man ihnen im Terrarium nicht bieten; es reicht jedoch aus, wenn 4–5 verschiedene Insektenarten zur Verfügung stehen, die abwechselnd verfüttert werden. Für *Lygodactylus* eignen sich z. B.: Kleine und Große Essig- oder Obstfliege, Heimchen oder Grillen, Wachsmottenlarven, Ofenfischchen und Getreideschimmelkäferlarven.

Alle adulten *Lygodactylus*-Geckos werden drei Mal pro Woche (z. B. montags, mittwochs, freitags) gefüttert. *Drosophila*-Fliegen und Ofenfischchen können als adulte Insekten verfüttert werden. Bei Heimchen, Grillen, Wachsmotten und Getreideschimmelkäfern werden Larven verfüttert, die Körperlängen von 0,5 cm bis maximal 1 cm aufweisen. Da sich Getreideschimmelkäferlarven in das Bodensubstrat wühlen, werden diese in einem kleinen Schälchen angeboten.

Gesunde Geckos sollten mit Futter eher etwas knapp gehalten werden, da sie schnell übergewichtig werden und infolgedessen eine Fettleber ausbilden können. Deshalb werden ballaststoffreiche Heimchen und Grillen häufiger angeboten als fettreiche Wachsmottenlarven und Ofenfischchen. Pro Tier und Fütterung reichen 3–4 Wachsmottenlarven oder Heimchen oder Käferlarven bzw. 7–10 Große Fruchtfliegen aus.

Kleine Obstfliege (*Drosophila melanogaster*)

Versorgung mit Wasser

Lygodactylus-Geckos lecken bevorzugt Spritzwasser von den Blättern oder von den Terrarienwänden ab. Daher werden Pflanzen, Äste und Wände jeden Tag oder jeden zweiten Tag – meistens nachmittags oder am frühen Abend während des Fütterns – mit Wasser überbraust. *Lygodactylus* lecken aber auch ab und zu Wasser aus Schälchen auf; deshalb sollte ihnen immer frisches Trinkwasser zur Verfügung stehen. Dieses kann man z. B. einfach in Schraubverschlüssen von Mineralwasserflaschen anbieten. Wie die Schälchen mit Brei stellt man auch die Trinkgefäße direkt neben einen Ast oder eine Bambusstange. Das Wasser in den Trinkgefäßen sollte keine zusätzlichen Vitamine enthalten, da diese durch die relativ hohe Temperatur im Terrarium ohnehin schnell abgebaut werden.

Versorgung mit Vitaminen und Mineralstoffen

Heimchen, Grillen, Wachsmottenlarven und *Drosophila* werden kurz vor dem Verfüttern mit einem Vitaminpulver eingestäubt. Bei Ofenfischchen und Getreideschimmelkäferlarven kann man sich das Einstäuben sparen, da das Pulver auf diesen Insekten kaum haften bleibt. Als Vitaminpulver eignet sich sehr gut „Korvimin ZVT + Reptil“ (vom

DER PRAXISTIPP

In Abständen von 2-3 Wochen kann man den Geckos zerdrückte, reife Banane, Fruchtbrei (z. B. von Alete oder Hipp) oder Fruchtjoghurt (z. B. Fruchtzwerge mit wenig Zucker) anbieten. Dazu gibt man einen Klecks Brei auf einen Kronkorken, den man auf den Bodengrund am besten direkt neben die Äste oder die Bambusstangen stellt. So können die Tiere von ihrem Ast aus am Brei lecken. Der Brei trocknet innerhalb von einem Tag ein, dann wird der Korken einfach entfernt.

Heimchen (*Acheta domestica*)

WUSSTEN SIE SCHON?

Vitamine müssen von allen Tieren mit der Nahrung aufgenommen werden. Sie sind also unbedingt notwendige Nahrungsbestandteile. Nicht ausreichende Mengen an Vitaminen führen zu Mangelerscheinungen (Hypovitaminosen). Aber eine Überdosierung bestimmter fettlöslicher Vitamine wie A und D führt ebenfalls zu Krankheitserscheinungen (Hypervitaminosen). Deshalb sollte man mit der Dosierung zusätzlicher Vitamine eher zurückhaltend sein und die Vitaminzufuhr besser über gut ernährte Futterinsekten gewährleisten, z. B. über mit Möhre und anderem Gemüse ernährte Heimchen und Grillen.

Tierarzt, manchmal auch auf Börsen erhältlich); hierbei handelt es sich um ein Gemisch aus Vitaminen und Mineralstoffen, das speziell für Reptilien ausgelegt wurde. Es enthält z. B. größere Mengen an Mineralstoffen und ein für Reptilien besser geeignetes Kalzium-Phosphor-Verhältnis als „Korvimin ZVT“, das für Vögel bestimmt ist. Korvimin wird in einem dicht schließenden Gefäß im Kühlschrank (!) aufbewahrt. Es gibt im Handel aber auch zahlreiche andere Vitamin-Mineralstoff-Präparate.

Wenn die Futterinsekten mit Korvimin eingestäubt werden, braucht das Spritzwasser keine Vitamine zu enthalten. Verfüttert man Insekten ohne Korvimin, wird das Spritzwasser mit Vitaminen versetzt. Hierzu gibt man zu einem Liter Wasser 0,3 ml „Stress-Vitam-N“ (rezeptpflichtig) oder 1 ml „Vitacombex“. Selbstverständlich kann man auch andere als hier genannte Vitaminpräparate verwenden, z. B. die Vitaminlösung „Multibionta“ (rezeptfrei, aber apothekenpflichtig). Das mit Vitaminen versetzte Wasser sollte kurz vor Gebrauch frisch zubereitet werden.

Zur zusätzlichen Versorgung mit Kalzium, Phosphor und Vitamin

D_3 bekommen die Tiere alle 3–4 Monate ein fein zerriebenes Gemisch aus Eierschalen, wenigen Krümeln einer „Vigantoletten 500"-Tablette (Vitamin D_3) und Kalziumlaktat in einer flachen Schale, z. B. in einem Kronkorken. Dieses Gemisch wird vor allem von den Weibchen aufgenommen, und das anscheinend nur bei Bedarf, denn manchmal rühren die Geckos das Gemisch nicht an, beim nächsten Mal wird die Schale dann innerhalb weniger Stunden leergeleckt. Weibliche Tiere, die größere Kalksäckchen ausgebildet haben, bekommen dieses Gemisch nicht.

Als Vitamin D wird eine ganze Gruppe chemisch ähnlicher Verbindungen (Calciferole) bezeichnet, von denen das wichtigste das Cholecalciferol (Vitamin D_3) ist. Die biologisch aktive Form des Vitamins D_3 ist an der Regulation des Kalzium-Stoffwechsels beteiligt: Sie fördert sowohl die Kalzium-Resorption (Kalzium-Aufnahme) aus dem Darm als auch die Mobilisierung (Herauslösung) von Kalzium aus den Knochen. Ein Mangel an Vitamin D_3 führt deshalb zu Störungen der Knochenbildung und zu Verformungen des Skeletts, ein als Rachitis bekanntes Krankheitsbild.

WUSSTEN SIE SCHON?
Bei Säugetieren und vermutlich auch bei anderen Landwirbeltieren wird eine Vorstufe des Vitamins D_3 (7-Dehydrosterol), die vom Tier selbst hergestellt werden kann, durch UV-B-Strahlung in der Haut in D_3 umgewandelt. Dieses wird dann in der Leber und in der Niere noch chemisch verändert und damit in eine biologisch aktivere Form gebracht. Terrarienbewohner kann man demnach auf zwei verschiedenen Wegen mit Vitamin D_3 versorgen: zum einen durch die Bestrahlung mit UV-B-Licht und zum anderen durch die Gabe von Vitamin D_3.

Überraschenderweise führt eine Überdosierung von Vitamin D_3 aber ebenfalls zu einer Entkalkung der Knochen sowie zu einer erhöhten Kalzium-Konzentration im Blut. Deshalb sollte man mit der Dosierung dieses Vitamins eher vorsichtig umgehen.

Wachsmottenlarve (*Galleria mellonella*)

Krankheiten

BEI den meisten Erkrankungen von Reptilien sollte ein Tierarzt konsultiert werden. Eine Liste von Tierärzten, die Erfahrung mit der Behandlung mit Reptilien haben, erhält man über die DGHT. Im Folgenden werden nur einige häufig auftretende Erkrankungen besprochen.

Importierte Wildfänge sind häufig mit unterschiedlichen Parasiten infiziert. Endoparasiten (Innenparasiten) – Einzeller, Würmer und ihre verschiedenen Entwicklungsstadien – können in Kotproben oder Abstrichen nachgewiesen werden. Kotproben kann man bei Tierärzten – am besten nach vorhergehender Absprache – für eine Untersuchung abgeben, aber auch an verschiedene Institute einschicken; dort erfolgt eine (kostenpflichtige) Untersuchung. Man erhält das Resultat und Behandlungsmöglichkeiten.

Die häufigsten Ektoparasiten (Außenparasiten) bei *Lygodactylus* und auch anderen Geckos sind Milben, die als rote Punkte häufig an den Hinterbeinen, an den Zehen, an der Kehle und um das Auge herum auffallen. Bei schwerem Befall mit Milben können Blutverlust, Zerstörung von Hautgewebe und übertragene Krankheitserreger den Wirt schädigen oder zum Tod führen. Auch ein auf den ersten Blick milbenfreies Tier kann nach 3–4 Wochen Quarantäne doch Milben aufweisen. Dann war der betreffende Gecko mit Milbenlarven oder Nymphen infiziert, die man mit bloßem Auge nicht erkennen kann. Dieses Tier sollte man isolieren, da Milben den Wirt wechseln können. Sind es nur ca. 10–15 Milben, kann man diese mit einer spitzen Pinzette vorsichtig absammeln. Diese Aktion sollte nicht länger als einige Minuten dauern, um Stress bei dem betreffenden Tier zu vermeiden. Ein Stressanzeichen bei *Lygodactylus* ist das Sperren, bei dem das Maul weit geöffnet wird. Es ist besser, die Milben in mehreren kurzen Aktionen zu entfernen.

Weist der Gecko viele Milben auf, ist von einem Absammeln abzuraten. In solchen Fällen kann man Dichlorvos-Strips (in Drogerien erhältliche Insektenstrips) verwenden, die in einem Stoffsäckchen stundenweise 2–3 Mal pro Woche in das Terrarium gehängt werden. Von einem Bad der Geckos in 0,2-prozentiger Neguvon-Lösung, wie es in einigen Büchern empfohlen wird, sollte man Abstand nehmen. Der Wirkstoff Neguvon kann bei Echsen Vergiftungserscheinungen verursachen.

Viele Erkrankungen, die nicht auf Parasitenbefall beruhen, sind eine Folge von Haltungs- und Ernährungsfehlern. Besonders häufig treten Häutungsschwierigkeiten, Rachitis und Legenot auf.

Unter **Häutungschwierigkeiten** versteht man in der Terraristik meistens eine unvollständige Häutung. Sie können aber auch in zu häufigen oder verzögerten Häutungen ihren Ausdruck finden. Eine unvollständige Häutung kann auf einer zu hohen Temperatur und/oder einer zu geringen Luftfeuchtigkeit im Terrarium beruhen. Auch Vitaminmangel – besonders an Vitamin A – kann Häutungsschwierigkeiten verursachen. Ein betroffenes Tier kann man in einer flachen Schale mit etwas lauwarmem Wasser baden, um die Hautreste einzuweichen. Alternativ kann man es auch eine Zeitlang in eine Grillendose mit nassem Küchenpapier setzen und diese auf die Heizung stellen. Danach kann man versuchen, die Hautreste vorsichtig – ohne Gewalt! – abzuziehen. Alternativ kann man auf die betroffenen Hautpartien mit einem Pinsel ganz dünn Lebertran auftragen. Durch die lokale Zufuhr von Vitamin A löst sich dann oft der Hautrest ab.

Bei schweren Häutungsfehlern bleibt nur der Gang zum Tierarzt.

Rachitische Erscheinungen sind Knochenstoffwechselstörungen, die in den meisten Fällen auf einer ungenügenden Zufuhr von Vitamin D_3, einem zu niedrigen Kalkangebot oder einem ungünstigen Kalzium-Phosphor-Verhältnis beruhen. Sie äußern sich in einer Verkrümmung der Wirbelsäule, weichen Kieferknochen und Deformation der Gliedmaßen. Diese schweren Mangelerscheinungen können mit vom Tierarzt dosierten Vitamin-D_3- und Kalzium-Gaben sowie zusätzlicher UV-Bestrahlung behandelt werden.

Legenot (Unvermögen der Weibchen, reife Eier abzulegen) kann viele Ursachen haben, z. B. das Fehlen geeigneter Eiablageplätze, zu niedrige Haltungstemperaturen, Wettkampf um Ablageplätze bei zu hohem Tierbesatz, Infektionen des Eileiters oder Störungen des Mineralhaushaltes. Ein Bad des betroffenen Tiers in lauwarmem Wasser hilft in den seltensten Fällen, auch hier ist der Besuch eines Tierarztes nötig.

L. capensis mit zahlreichen roten Milben

Nachzucht

DIE erfolgreiche Nachzucht der Pfleglinge im Terrarium, zumal über mehrere Generationen, ist eines der wichtigsten Ziele jedes Terrarianers. Worauf dabei zu achten ist, beschreiben die nachfolgenden Kapitel.

Paarungsverhalten

Das Paarungsverhalten von *Lygodactylus* gleicht sehr dem der Gattung *Phelsuma*. *Lygodactylus*-Arten haben eine Drohbalz, d. h., in der Balz tritt das gleiche Drohimponieren auf, das unter Männchen zu beobachten ist. Geschlechtspartner werden in der Regel durch Bezüngeln erkannt, also über den Geruch.

Das Männchen nähert sich dem Weibchen mit ruckartigem Laufen, hält dann an und droht seitwärts mit gekrümmtem Rücken und gewölbter Kehle vor dem Weibchen. Drohen und Heranrücken an das Weibchen wechseln sich ab. Ist das Weibchen nicht paarungsbereit, führt es schnelle Zitterbewegungen mit der Schwanzspitze aus und startet einen Scheinangriff auf das Männchen, oder es entzieht sich ihm durch Flucht. Ist das Weibchen paarungsbereit, so verhält es sich

Kopulation von *L. chobiensis* an einer Hauswand in Etsha (Botsuana)

ruhig und schlängelt höchstens mit der Schwanzspitze. Jetzt kriecht das Männchen über das Weibchen und umgreift den Körper des Weibchens hinter den Vorderbeinen. Dann verbeißt sich das Männchen in der Nackenhaut des Weibchens (Nackenbiss) und bringt seine Schwanzwurzel unter die des Weibchens. Das Weibchen hebt dabei den Schwanz leicht an und ermöglicht dem Männchen das Einbringen eines Hemipenis in die Kloake. Während der Paarung können beide Tiere kleine Strecken weiterlaufen. Paarungen bei *Lygodactylus* dauern zwischen 10 und 30 Minuten. Das Ende der Paarung wird in der Regel vom Weibchen herbeigeführt, indem es seitwärts schnell mit dem Schwanz schlägt. Nachdem sich das Männchen vom Weibchen gelöst hat, lecken beide ihren Kloakalbereich.

Manchmal trägt das Weibchen durch den Nackenbiss oberflächliche Verletzungen der Haut davon, die mit der nächsten Häutung verschwinden.

Eiablage

Weibchen von ostafrikanischen *Lygodactylus*-Arten können im Terrarium fast das ganze Jahr hindurch in Abständen von 4–5 Wochen jeweils zwei Eier ablegen. Manche Weibchen halten allerdings auch eine Legepause von 2–3 Monaten ein. Bei *Lygodactylus* sind die Eier durch die undurchsichtige Bauchhaut schlecht zu sehen. Trächtige Weibchen sind jedoch an den gegeneinander versetzten Wölbungen des hinteren Körperteils zu erkennen, da ein Ei mehr kopfwärts und das andere mehr schwanzwärts im Eileiter liegt.

WICHTIG!
Trächtige Weibchen und besonders solche, die gerade Eier gelegt haben, sollten öfter mit Futter versorgt werden, also jeden Tag oder zumindest jeden zweiten Tag.

Als Ablageplatz für die Eier wird ein kleiner, gut zur Hälfte mit Sand gefüllter Blumentopf (Durchmesser 4–5 cm) angeboten, der mit kleinen Rindenstücken abgedeckt wird. Es ist nicht nötig, den Sand darin besonders feucht zu halten – im Gegenteil, nassen Sand nehmen die Weibchen meist nicht an.

Die Weibchen legen die Eier meistens in den dafür hergerichteten Blumentopf, manchmal aber auch in die Röhren aus Korkeichenrinde. Ein trächtiges Weibchen sucht sich schon einige Tage vor der Eiablage einen geeigneten Platz im Terrarium. Während der Ablage ist die Eischale

Mit Sand gefüllter Blumentopf als Eiablageplatz

verformbar, nach der Eiablage härtet sie dann sehr schnell aus. Manchmal bleiben die Weibchen noch längere Zeit in der Nähe des Eiablageortes, z. B. auf der Rinde, die den Ablage-Blumentopf bedeckt. Weibchen der Gattung *Lygodactylus* können – wie viele andere Reptilienweibchen auch – Spermien speichern. Somit können sie nach einer Trennung vom Männchen noch 2–4 befruchtete Gelege absetzen.

Gelege von *L. angolensis* im Blumentopf

Die ovalen Eier sind 5 x 6 bis 5,5 x 6,5 mm groß und haben eine kalkige Schale. Gewöhnlich kleben die beiden Eier zusammen.

Inkubation der Eier

Die hartschaligen Eier sind – anders als die weichschaligen Eier vieler anderer Reptilien – gegen Substrat- und Luftfeuchteschwankungen vergleichsweise unempfindlich. Im Terrarium bekommen sie daher keine „Sonderbehandlung".

Wenn die Eier im Terrarium gezeitigt werden, muss man sie mit einem umgedrehten, kleinen Becher abdecken, dessen Boden aus feinmaschiger Gaze besteht, z. B. Gardine. Die Jungtiere befinden sich nach dem Schlüpfen unter dem Becher, der sie vor den Nachstellungen der Elterntiere schützt. Frei im Terrarium herumlaufende Schlüpflinge werden von den Elterntieren als Beute angesehen und gefressen.

Die Eier können aber auch – ohne sie dabei zu rollen (!) – vorsichtig aus dem Terrarium entfernt werden und in einem thermostatgeregelten Inkubator oder Wärmeschrank (zwischen 26 und maximal 32 °C bei ca. 60% relativer Luftfeuchtigkeit) gezeitigt werden. Dabei werden die Eier in Mulden einer Schaumstoffunterlage gelegt.

Die Zeitigungsdauer hängt von der Temperatur ab. Jungtiere von *L. picturatus* schlüpfen im Wärmeschrank bei einer konstanten Temperatur von 29–30 °C schon nach 57–60 Tagen. Werden die Eier im Terrarium gezeitigt (unter Temperaturbedingungen wie im Kapitel „Terrarientechnik" beschrieben, d. h. tagsüber 28–31 °C, nachts 20–21 °C), so erhöht sich die Inkubationsdauer aufgrund der niedrigeren nächtlichen Temperatur auf 91–98 Tage.

Unter den Temperaturbedingungen im Terrarium schlüpfen die Jungtiere von *L. mombasicus* nach 90–98, die von *L. kimhowelli* nach 80–90 Tagen. Die Jungtiere von *L. angolensis* benötigen mit nur 63–72 Tagen etwas weniger Zeit.

Welches Geschlecht der sich entwickelte Embryo hat, wird bei den meisten Wirbeltieren genetisch (durch Erbfaktoren) bestimmt, die in der Regel auf den Geschlechtschromosomen liegen.

Gelege von *Lygodactylus* durch ein Hütchen geschützt

Hier wird das Geschlecht also bereits bei der Verschmelzung von Ei- und Samenzelle (Befruchtung) festgelegt. Diese Art der Festlegung des Geschlechts wird als

Vier Gelege von verschiedenen Weibchen von *L. picturatus*. Ein Jungtier ist bereits geschlüpft.

genotypische Geschlechtsdetermination bezeichnet. Sie führt in der Regel zu einem durchschnittlichen Geschlechterverhältnis von 1:1 unter den Nachkommen. Bei einer zweiten Form der Geschlechtsdetermination wird das Geschlecht erst während der Embryonalentwicklung durch Umweltfaktoren festgelegt. Dieser Umweltfaktor ist bei Reptilien die Temperatur, bei der die Eier bebrütet werden. Diese Art der Geschlechtsdetermination wird temperaturabhängige Geschlechtsdetermination genannt. Dadurch kann es sowohl unter natürlichen als auch unter künstlichen Bedingungen zu beträchtlichen Abweichungen vom 1:1-Geschlechterverhältnis kommen.

Bei Geckos findet man häufig eine temperaturabhängige Geschlechtsdetermination. Bei *Phelsuma dubia* z. B. schlüpfen bei einer konstanten Inkubationstemperatur von 26 °C zu 100 % Weibchen, bei 32 °C jedoch zu 100 % Männchen. Bei 28 °C sind beide Geschlechter vertreten.

Welche Art der Geschlechtsdetermination bei der Gattung *Lygodactylus* vorherrscht, ist bisher nicht bekannt. Es gibt allerdings Hinweise, dass bei *L. picturatus* und *L. angolensis* ähnlich wie bei *Phelsuma* bei hohen Inkubationstemperaturen der Eier Männchen entstehen.

Schlüpfling von *L. picturatus*

Größe und Färbung der Schlüpflinge und Jungtiere

Die beiden Jungtiere eines Geleges schlüpfen nur selten am gleichen Tag, sondern in der Regel in Abständen von 1–2 Tagen. Der Schlüpfvorgang ist sehr kurz; die Junggeckos befreien sich innerhalb von Sekunden aus ihrer Eischale und häuten sich sofort. Manche Schlüpflinge haben noch Reste des Dottersacks im Nabelbereich hängen. Solche Tiere setzt man am besten in eine Grillendose auf sauberes Küchenpapier und wartet, bis der Dottersackrest eintrocknet und abfällt oder vom Schlüpfling durch Reiben am Papier abgestreift wird.

Die winzigen Schlüpflinge sind sofort nach dem Schlüpfen selbstständig und sehr lebhaft. Schon die Schlüpflinge besitzen die Fähigkeit, je nach Stimmung heller oder dunkler zu werden.

Schlüpflinge von *L. picturatus* haben eine Kopf-Rumpf-Länge von 13–15 mm und eine Schwanzlänge von 13–14 mm. Ihre Färbung gleicht derjenigen der Weibchen. Die Grundfärbung ist Graubraun; der Rücken weist helle, schwarz umrandete Flecken auf, die sich auf der Oberseite des Schwanzes fortsetzen. An den Flanken verläuft von der Schulter bis zum Schwanz ein hellerer Streifen. Die Unterseite des Jungtiers ist weiß. Ist das Jungtier ein Männchen, so verändert sich seine Färbung im Laufe der Jugendentwick-

lung. Im Alter von 3–4 Monaten beginnen sich Kopf und Bauch langsam gelb zu färben; danach – im Alter von 4–5 Monaten – erscheint die dunkle Kehlfärbung. Die volle Erwachsenenfärbung haben die jungen Geckos im Alter von 8–10 Monaten.

Schlüpflinge von *L. mombasicus* haben eine Kopf-Rumpf-Länge von 14–15 mm und eine Schwanzlänge von 13–15 mm. Sie sind ein Abbild der adulten Tiere, nur viel kleiner.

Schlüpflinge von *L. kimhowelli* haben eine Kopf-Rumpf-Länge von 15–16 mm; der Schwanz ist mit einer Länge von 13–14 mm etwas kürzer. Die Oberseite der Schlüpflinge unterscheidet sich in der Färbung nicht von derjenigen der adulten Tiere; jedoch sind Bauch, Unterseite der Hinterbeine und die Schwanzwurzel leuchtend rot gefärbt. Im Laufe der Jugendentwicklung verliert sich diese Rotfärbung allmählich.

Schlüpfling von *L. mombasicus*

Schlüpflinge von *L. angolensis* haben eine Kopf-Rumpf-Länge von 12–13 mm und eine Schwanzlänge von 15–16 mm. In den ersten Lebenstagen ist ihre Oberseite dunkelbraun, die Bauchseite weißlich und die Unterseite des Schwanzes rötlich gefärbt. Nach einigen Tagen werden sie grau und haben dann die gleiche Färbung und Fleckung wie die adulten Tiere. Nur die Schwanzunterseite bleibt bis zu einem Alter von 5–6 Monaten rötlich.

Unterbringung von Schlüpflingen und Jungtieren

Schlüpflinge werden zur besseren Kontrolle der Nahrungsaufnahme einzeln untergebracht. Sie beziehen in den ersten 4–6 Lebenswochen eine zum Kleinstterrarium umgestaltete, durchsichtige Plastikdose, etwa mit den Maßen 10 x 10 x 14 cm (Breite x Tiefe x Höhe). Die Dose hat wie die Glasterrarien zwei Lüftungsflächen, eine im Deckel (ca. 7–8 cm Durchmesser) und ei-

Bauchseite eines Schlüpflings von *L. kimhowelli*

ne an einer Seite (ca. 6 cm Durchmesser).

Der Bodengrund der Aufzuchtdosen besteht aus Sand, die Einrichtung aus einem kleinen Ast und einem Stück Korkeichenrinde. Die Dosen stehen auf Heizmatten und werden mit den gleichen Leuchtstofflampen beleuchtet wie die Terrarien, wobei jedoch darauf geachtet werden muss, dass die Temperatur in den Dosen nicht zu hoch ansteigt.

Im Alter von ca. 6 Wochen werden die Jungtiere in eine größere Plastikdose, etwa mit den Maßen 12 x 12 x 17 cm (Breite x Tiefe x Höhe) umgesetzt. Diese Dose ist schon groß genug, um die Einrichtung mit einer Rankenpflanze in einem kleinen Blumentopf zu vervollständigen.

Im Alter von ca. 12 Wochen können die Jungtiere ein Terrarium mit den Maßen 25 x 25 x 25 cm (Breite x Tiefe x Höhe) beziehen. Jetzt können sich zwei gleich große Jungtiere ein Terrarium teilen; allerdings muss man darauf achten, dass beide Tiere Zugang zu „Sonnenplätzen" haben und nicht ein Gecko alle Futtertiere für sich beansprucht. Die Aufzuchtterrarien werden genauso beheizt, beleuchtet und eingerichtet wie die der adulten Zwerggeckos.

Fütterung von Schlüpflingen und Jungtieren

Lygodactylus-Schlüpflinge nehmen in der Regel in den ersten beiden Tagen nach dem Schlüpfen keine Nahrung auf, sondern zehren noch vom Dottermaterial. Danach gehen sie selbstständig ans Futter.

In den ersten acht Lebenswochen werden die Jungtiere täglich gefüttert. Dazu eignen sich kleine *Drosophila*-Fliegen (*D. melanogaster*), ca. 2–3 mm lange Larven der Wachsmotte, ebenso kleine Larven des Ofenfischchens und frisch geschlüpfte Heimchen (so-

Aufzuchtdose für *Lygodactylus*-Schlüpflinge

genannte „Micros"). Dabei reicht man nur so viel Futter, wie sie an einem Tag fressen können. Wolken von Futterinsekten stören die Tiere nur, und man kann nicht erkennen, ob sie „ordentlich" fressen. Fruchtbrei bietet man ihnen noch nicht in Schalen an, da die Gefahr besteht, dass die Schlüpflinge auf den Brei springen und dann eventuell völlig verkleben. Als Trinkwassergefäß eignen sich nur sehr niedrige Schalen wie z. B. Kronkorken. Da das Wasser aus diesen sehr schnell verdunstet, kann man auch darauf verzichten und dafür jeden Tag mit wenig Wasser sprühen.

Sind die Jungtiere über acht Wochen alt, kann man an ein oder zwei Tagen pro Woche das Füttern ausfallen lassen; etwas

Lebensalter

DATEN über die Lebenserwartung von *Lygodactylus*-Arten im Freiland gibt es nur spärlich. Für *L. chobiensis* wird eine Lebenserwartung von 18 Monaten im Freiland angegeben. Im Terrarium wird diese Art jedoch mindestens neun Jahre alt. Auch *L. picturatus* und *L. angolsensis* erreichen im Terrarium mindestens ein Alter von

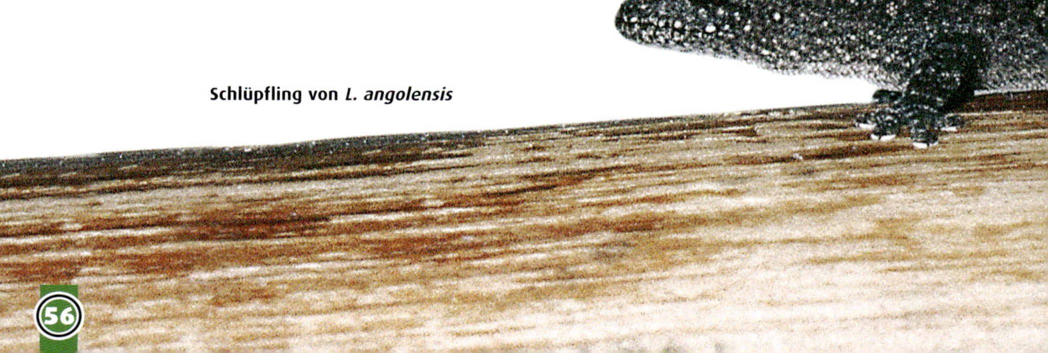

Schlüpfling von *L. angolensis*

später wird nur noch alle zwei Tage gefüttert. Ab diesem Alter kann man ihnen auch einen kleinen Klecks Fruchtbrei auf einem Kronkorken und ein kleines Gefäß mit Trinkwasser ins Terrarium stellen.

Die Jungtiere von *Lygodactylus* werden im Alter von ca. 10–12 Monaten selbst fortpflanzungsfähig.

Schlüpfling von *L. kimhowelli*

5–6 Jahren; wahrscheinlich werden die Tiere sogar noch etliche Jahre älter.

In vielen Fällen kann man den Tieren das „Altwerden" ansehen. Auch wenn sie noch gut fressen, werden die Geckos allmählich immer dünner und farbloser. Bei Männchen von *L. picturatus* z. B. verblasst die gelbe Kopffärbung immer mehr, bis der Kopf nur noch dunkel aussieht.

Weitere Informationen

ZUR Vertiefung der in diesem Buch gegebenen Informationen und zum tieferen Einblick in terraristische und herpetologische Themenbereiche empfehlen sich die Mitgliedschaft in einem Verein gleich gesinnter Terrarianer sowie ein intensives Literaturstudium. Die folgenden Auflistungen sollen dabei behilflich sein, einen Einstieg in die Thematik zu finden, können aber natürlich nur einen kleinen Ausschnitt aufzeigen.

Zeitschriften

- REPTILIA, TERRARIA
Terraristik-Fachmagazine,
erscheinen je sechs Mal jährlich,
mit Internetportal für Kleinanzeigen
Natur und Tier - Verlag GmbH,
An der Kleinmannbrücke 39/41, 48157 Münster,
Tel.: 0251-133390, E-Mail: verlag@ms-verlag.de,
www.ms-verlag.de

- DRACO
Terraristik-Themenheft,
erscheint vier Mal jährlich
Natur und Tier - Verlag GmbH, s. o.

- Sauria
Terraristik und Herpetologie,
erscheint vier Mal jährlich
Terrariengemeinschaft Berlin e. V.,
Bruno Treu, Gardes-du-Corps-Str. 12, 14059 Berlin,
Tel.: 030-6847140; E-Mail: abo@sauria.de;
www.sauria.de

- Gekko
englischsprachige Artikel ausschließlich über Geckos
erscheint zwei Mal jährlich
Global Gecko Association (GGA),
4920 Chester Street, Spencer, OK 73084-2560 USA
www.gekkota.com

Vereine und Interessengruppen

Die Deutsche Gesellschaft für Herpetologie und Terrarienkunde (DGHT; www.dght.de; DGHT e.V., Postfach 1421, 53351 Rheinbach, Tel.: 02225-703333, E-Mail: gs@dght.de) ist mit über 7000 Mitgliedern die weltweit größte Gesellschaft ihrer Art und bringt Wissenschaftler und Hobbyherpetologen zusammen. Mitglieder erhalten vierteljährlich mindestens zwei verschiedene herpetologisch/terraristische Zeitschriften.

Die Global Gecko Association (GGA; www.gekkota.com; GGA, 4920 Chester Street, Spencer, OK 73084-2560 USA) ist ein globales Forum für Gecko-Interessierte. Sie gibt ein Nachrichtenblatt (Chit chat) und vierteljährlich die Zeitschrift Gekko heraus (nur englischsprachige Artikel).

Untersuchungsstellen

Kotproben, Sektionen und andere Untersuchungen können von spezialisierten Tierärzten oder von veterinärmedizinischen Untersuchungsstellen, die es in vielen Städten gibt, vorgenommen werden. Eine Liste mit reptilienkundigen Tierärzten kann über die DGHT bezogen werden (oder im Internet unter www. dght.de). Überregional bekannt für Untersuchungen sind folgende Einrichtungen:

- Exomed
Postfach 600164, 10251 Berlin, Telefon: 030-51067701,
E-Mail: labor@exomed.de, www.exomed.de

- Universität München
Institut für Zoologie, Fischereibiologie und Fischkrankheiten
der tierärztlichen Fakultät
Kaulbachstr. 37, 80539 München, Tel.: 089-2180-2687,
E-Mail: office@zoofisch.vetmed.uni-muenchen.de,
www.vetmed.lmu.de/zoofisch/

- Chemisches und Veterinäruntersuchungsamt Ostwestfalen-Lippe
Westerfeldstr. 1, 32758 Detmold, Tel.: 05231-9119,
E-Mail: poststelle@cvua-detmold.nrw.de, www.cvua-owl.nrw.de

- Vet Med Labor GmbH
Mörikestraße 28/3, 71636 Ludwigsburg
Tel.: 01802-838633, E-Mail: info@vetmedlabor.de,
www.vetmedlabor.de
(für privat nur über Ihren Tierarzt)

Verwendete und weiterführende Literatur

A. Originalarbeiten

GRAY, J.E. (1864): Notes on some new lizards from South-Eastern Africa, with the description of several new species. – Proc. Zool. Soc. London 34: 58–62.

GREER, A.E. (1967): The ecology and behavior of two sympatric *Lygodactylus* geckos. – Breviora 268: 1–19.

KÄSTLE, W. (1964): Verhaltensstudien an Taggeckonen der Gattungen *Lygodactylus* und *Phelsuma*. – Z. Tierpsychologie 21(4): 486–507.

LOVERIDGE, A. (1947): Revision of the African lizards of the family Gekkonidae. – Bull. Mus. Comp. Zool. 98(1): 1–469

OSADNIK, G. (1987): Untersuchungen zur Reproduktionsbiologie des madagassischen Taggeckos *Phelsuma dubia* (BOETTGER 1881). – Dissertation, Ruhr-Universität Bochum.

PASTEUR, G. (1960): Notes préliminaires sur les Lygodactyles (Gekkonidés). I. Remarques sur les sous-espèces de *Lygodactylus picturatus*. – Bull. I. F. A. N., Ser. A, 22: 1441–1452.

PASTEUR, G. (1965 [1964]): Recherches sur l'évolution des lygodactyles, lézards afro-malgaches actuels. – Trav. Inst. Scient. Chérif., Sér. Zool., Rabat, 29: 1–132.

PASTEUR, G. (1995): Biodiversité et reptiles: diagnoses de sept nouvelles espèces fossiles at actuelles du genre de lèzards *Lygodactylus* (Sauria, Gekkonidae). – Dumerilia 2: 1–21.

PETERS, W. (1868): Mitteilung über eine neue Nagergattung, *Chiropodomys penicillatus*, so wie über einige neue oder weniger bekannte Amphibien und Fische. – Monatsb. Akad. Wiss. Berlin: 448–461.

– (1870): Beitrag zur Kenntnis der herpetologischen Fauna von Südafrika. – Monatsb. Akad. Wiss. Berlin: 110–115.

RÖLL, B. (1994): *Lygodactylus picturatus* (PETERS). – Sauria, Suppl. 16(3): 307–310.

RÖLL, B., R. AMONS, W.W. DE JONG (1996): Vitmain A_2 bound to cellular retinol-binding protein as ultraviolet filter in the eye lens of the gecko *Lygodactylus picturatus*. – J. Biol. Chem. 271: 10437–10440.

– (1999): *Lygodactylus chobiensis* FITZSIMONS. – Sauria, Suppl. 22(3): 457–460.

– (2000): Two sympatric *Lygodac-*

tylus species in coastal areas of Eastern Africa (Reptilia, Gekkonidae). – Bonn. Zool. Monogr. 46: 189–198.

– (2000): *Lygodactylus capensis* (A. SMITH). – Sauria, Suppl. 22(3): 487–490.

– (2001): Multiple origin of diurnality in geckos – evidence from eye lens crystallins. – Naturwissenschaften 88: 293–296.

– (2003): Delightful dwarfs: diurnal geckos of the genus *Lygodactylus*. – Gekko 3(2): 21–33.

– (2004): *Lygodactylus luteopicturatus* PASTEUR, 1965 [1964]: ein Synonym von *Lygodactylus picturatus* (PETERS, 1870) (Sauria, Gekkonidae). – Sauria 25(1): 31–35.

– (2005): Variability in a common species: the *Lygodactylus capensis* complex from southern and eastern Africa (Reptilia, Gekkonidae). – S. 237-244 in: HUBER, B.A., B.J. SINCLAIR & K.-H. LAMPE (Hrsg.): African Biodiversity – Molecules, Organisms, Ecosystems. – Springer Science + Business Media.

–, H. PRÖHL, K.-P. HOFFMANN (2010): Multigene phylogenetic analysis of *Lygodactylus* dwarf geckos (Squamata: Gekkonidae). – Mol. Phylogenet. Evol. 56: 327–335.

TORNIER, G. (1899): Ein Eidechsenschwanz mit Saugscheibe. – Biol. Zentralblatt, Jena, 19: 549–552.

ZIMMERMANN, H. (1982): Durch Nachzucht erhalten: Der Haftschwanzgecko. – Aquarien-Magazin 16: 178–180.

B. Bücher

BÖHME, W. (2004): Sauropsida (Teil „Rezente Reptilien"). S. 341– 391 in WESTHEIDE, W & R. RIEGER (Hrsg.): Spezielle Zoologie, Teil 2: Wirbel- oder Schädeltiere. – Elsevier GmbH, München.

BRUSE, F., W. SCHMIDT & W. MEYER (2003): PraxisRatgeber Futtertiere. – Edition Chimaira, Frankfurt/M., 143 S.

FRIEDERICH, U. & W. VOLLAND (1998): Futtertierzucht. – Verlag Eugen Ulmer, Stuttgart, 187 S.

HENKEL, F. W. & W. SCHMIDT (2003): Geckos. – Verlag Eugen Ulmer, Stuttgart, 175 S.

RÖSLER, H. (1995): Geckos der Welt. – Urania-Verlag, Leipzig, 256 S.

SAUER, K., B. STECK, H. SCHUCHART & H.-G. HORN (2004): PraxisRatgeber Vivarienbeleuchtung. – Edition Chimaira, Frankfurt/M., 287 S.

SPAWLS, S., K. HOWELL, R. DREWES & J. ASHE (2002): A field guide to the reptiles of East Africa. – Academic Press, San Diego, 543 S.

WILMS, T. (2004): Terrarieneinrichtung. – Natur und Tier - Verlag, Münster, 128 S.

Bücher für Ihr Hobby

Wer sich den Wunsch erfüllen möchte, sich mit einem Terrarium ein Stück Natur ins Haus zu holen, der kommt bei der naturnahen Gestaltung dieses Lebensraumes für seine Pfleglinge nicht an einer Bepflanzung vorbei. Pflanzen erhöhen nicht nur den Schauwert eines Terrariums, sie verbessern auch das Klima und bieten den Tieren zudem Deckung und Versteckplätze. Manche Amphibien und Reptilien sind außerdem sehr eng an gewisse Pflanzen gebunden. Deshalb erfüllt die Bepflanzung im Terrarium eine ganze Reihe von Funktionen und stellt einen wichtigen Bestandteil der Einrichtung dar.

Pflanzen im Terrarium
B. Akeret
400 Seiten, über 1000 Abb.
ISBN 978-3-86659-060-1
39,80 €

Natur und Tier - Verlag GmbH
An der Kleimannbrücke 39/41 · 48157 Münster
Telefon: 0251-13339-0 · Fax: 0251-13339-33
E-Mail: verlag@ms-verlag.de